KB188888

참회의 기도

참회의 기도

김주선 지음

Planters'

| 차례 |

| 감사의 말 |

　먼저 부끄럽습니다. 부족함이 많은 인생이라 주님 앞에
엎드릴 일이 많았을 뿐인데 이렇게 기도문이 책으로 엮이
니 부끄러움에 고개들기도 버겁습니다. 그저 손과 발로 더
많이 수고하여 받은 은혜 갚으며 살겠다고 다짐해 봅니다.
　이 책의 기도문은 수원영은교회 주일예배 [참회기도] 순
서에 사용된 글들입니다. 부족한 글을 감수해 주신 이사무
엘 담임목사님께 감사드립니다. 책으로 만들어지는 데 있
어 가장 크게 격려해 주심도 이 자리를 빌려 감사드립니다.

　작은 바람이 있다면 이 기도문들이 예배하는 사람들의
마음을 더욱 하나님께 가까이 가게 하는 도구로 사용되길
소망합니다. 예배 가운데 숨 쉴 틈도 없이 분주한 교역자들
이 가쁜 숨을 고르고 주님 앞에 일대일로 서는 도구로 사용
되길 바라봅니다.
　부족한 글에 추천사를 더해 주신 수원영은교회 이사무엘
담임목사님과 평생의 스승인 기독교윤리실천운동 조성돈
대표님, 석사논문 지도교수 실천신학대학원대학교 예배학
박종환 교수님 그리고 현장 목회 선배님 하늘꿈연동교회
장동학 목사님 그리고 기도의 대가 김민정 목사님께 감사
의 말씀드립니다.

특별히 목사의 남편이라는 낯선 삶을 무던히 살아 주는 평생 친구 최종천 님에게 감사와 존경의 마음을 전합니다.

그대와 20여 년을 살아오면서 세 권의 논문과 세 권의 책을 썼습니다. 녹록지 않은 이 길을 함께 걸어 주어 많이 고맙습니다. 덕분입니다.

하늘 아래, 김주선

우리 교회는 본질을 향한 걸음을 예배에서부터 시작했습니다. 예배에서 본질을 찾아가야 모두 공감할 수 있다고 생각했습니다. 이런 고민으로 준비한 순서가 "참회의 기도"입니다.

참회의 기도에 두 가지 핵심이 있습니다.

"깊이"와 "진정성"입니다.

매주 같은 리듬으로 반복되는 예배에 참여하는 교인들이 다시 하나님 앞에 서기 위하여 깊이를 담았습니다. 하나님과의 만남은 깊은 울림으로 나타나는 것을 교인들의 반응에서 확인했습니다. 참회의 기도에 "깊이"를 담기 위하여 많은 시간을 투자해야 했습니다. 글 쓰는 이의 고통이 나뉘고 듣는 이의 울림이 되기 때문입니다.

교인들은 의례적인 순서와 내용에 지쳐 있습니다. 결국 "나의 고백"이라 할 수 있는 진정성이 필수입니다. 단어부터 어문까지 진부하지 않도록 노력했습니다. 진정성만이 나의 마음으로 고백할 수 있는 핵심으로 여겨 마지막까지 다듬고 또 다듬었습니다.

기도문을 쓴 저자는 기도마다 "깊이"와 "진정성"을 담고자 노력했습니다. 그 애씀을 보면서 매우 안쓰러웠습니다. 그러나 이 노력이 예배에서 하나님과 연결하는 다리로 나타났습니다. 이 기도문이 예배의 본질을 회복하려는 분들에게 큰 도움이 될 것이라 감히 말씀드립니다.

　정제된 기도문을 접하긴 오랜만입니다. 요즘은 공중에 흩뿌려지는 기도가 허다합니다. 중언부언하며 시간을 채우고, 자신의 소원을 이루어가는 능력의 통로가 된 기도가 많습니다. 그런데 이렇게 정제된 기도문을 접하니, 마음이 차분해집니다. 저자의 기도를 통해 하나님과 아주 가까이 다가서고 있다는 느낌이 듭니다.

　사람들은 모두 자랑을 앞세웁니다. 그게 세상 사는 이치가 되었습니다. 어느 순간엔가 그 자랑이 나의 현실인 양 삽니다. 기도도 그런 마음을 반영하다 보니 하나님도 자랑거리에 불과합니다. 내 말 잘 듣는 하나님 이야기가 나오는 것이죠. 이 기도문을 따라가다 보니 내가 원하는 것이 아니라 하나님이 원하시는 것이 무엇인지 깨닫고, 우리가 무얼 잊고 살았는지를 알게 됩니다. 어느 순간 그 참회 가운데 나를 보게 됩니다. 바로 그 순간 눈물이 터집니다. 그 참회의 자리에 앉아 한없이 부끄러워 무너지는 나를 대면합니다. 윤동주의 시〈참회록〉에서 "청동거울을 닦다 보면 슬픈 사람의 뒷모양이 거울 속에 나타나온다"는 표현처럼 이 《참회의 기도》를 읽다 보니 죄인 된 나를 발견하게 됩니다. 그래서 참 먹먹합니다.

기독교 예배에 있어서 참회는 빼놓을 수 없는 중요한 순
서 중 하나입니다. 거룩한 하나님 앞으로 나가기 위해 우리
삶에 찌든 것들을 하나님 앞에 내려놓고 죄의 사함을 얻는
가장 귀한 시간입니다. 그런데 오늘날 교회에서는 참회의
기도 시간이 생략된 채 찬양과 설교 그리고 광고가 중심이
되는 매우 간결한 예배 순서를 갖고 있습니다. 오래전 서구
의 신학교에서 공부하던 시절에 몇 칸에 걸쳐 도서관 책장
을 가득 메우고 있는 수백 년에 걸쳐 쓰인 기도집은 그야말
로 저에게 큰 충격으로 다가왔습니다. 서구 기독교 전통에
대한 열등감은 다름 아닌 기도집 때문이었습니다.

이러한 즈음에 김주선 목사의 《참회의 기도》 출간이 진
심으로 반갑고 고맙게 여겨집니다. 이 책에 있는 참회기도
를 읽어 보면 단어 하나하나, 문장 하나하나에 진심 어린
회개와 삶에 대한 깊은 신학적 통찰이 묻어 있는 것을 느끼
게 됩니다. 이 기도문이 한국 개신교 예배에 두루두루 사용
되기를 바라고 앞으로도 한국 교회에 이러한 기도집이 많
이 나올 수 있기를 소망합니다.

현장 목회한다고 이렇게 귀한 책에 추천사를 쓰도록 해 주셔서 감사합니다.

제 주변에는 목회자가 많습니다. 대부분 교회에서 목회를 하십니다. 세상에서 사역하는 분은 많지 않습니다.

그런데 이 《참회의 기도》를 쓴 저자는 세상에서 사역을 하는 목회자입니다. 평상시 개인적으로 영적인 관리를 어떻게 하는지 궁금했지만 묻지 않았습니다. 그런데 이번에 출간된 예배를 시작하는 참회 기도문을 통해서 충분히 알 수 있게 된 것 같습니다.

참 깊습니다. 자기 이야기입니다. 자기 참회문입니다.

사람들의 마음을 읽고 하나님 앞에 대신 서는 저자의 마음을 볼 수 있었습니다.

미안함.

고마움.

두려움.

그런 고백을 조심스럽게 녹여낸 기도문입니다.

읽다 보면 하나님이 친밀하게 안아 주시는 것을 느낄 수 있습니다.

참 좋네요.

회개를 잃어버린 시대를 살고 있습니다.

우리의 기도는 간구만 있고, 다른 기도의 요소들은 그저 간구로 들어가기 위한 마중물처럼 사용되고 있습니다. 이런 때에《참회의 기도》는 우리에게 기도 중에 더 머물러야 하는, 하나님과 깊은 만남을 주선해 주어 참 좋습니다.

기도문을 쓰는 일은 생각보다 어렵고 힘듭니다. 늘 반복된 일상을 살아가는 상황에서 다른 내용의 기도문을 써야 하기 때문입니다. 매 주일 똑같은 예배 속에서 매번 영혼을 정화하는 참회의 기도를 올리기 위해 저자가 얼마나 고심하며 자신의 마음을 기경했을지, 성도들과 공감하려는 목사로서의 고민이 얼마나 깊었을지 느껴집니다.

《참회의 기도》를 통해 우리의 회개가 더 깊어지길 소망합니다. 이 책은 누군가가 아니라 바로 내가, 나의 기도의 참회 자리에서 주님을 더욱 깊이 만나 사랑을 나누는 길잡이가 되어 줄 것입니다.

참회의 기도

첫 번째 참회기도

사무엘상 14장 45절

백성이 사울에게 말하되
이스라엘에 이 큰 구원을 이룬 요나단이 죽겠나이까
결단코 그렇지 아니하니이다
여호와의 살아 계심을 두고 맹세하옵나니
그의 머리털 하나도 땅에 떨어지지 아니할 것은
그가 오늘 하나님과 동역하였음이니이다 하여
백성이 요나단을 구원하여 죽지 않게 하니라

우리에게 주일을 허락하신 하나님!

이 시간 우리는
모든 것이 주님의 도우심이요,
감사의 제목임을 고백합니다.

그러나 우리의 삶을 돌아보면

많은 것을 소유하고 있음에도,
늘 모자라는 인생이라고 불평했고
그저 남에 손에 있는 것이 더 커 보여서
탐을 내기만 했습니다.

잔잔한 하루의 일상은 지루하다 여겼고,
아침에 눈을 뜰 수 있는 건강함은
당연한 것으로 생각했습니다.

내 힘으로 호흡하는 것이
얼마나 복된 일인지 생각하지 않았고
배고픔을 느끼는 몸과 음식을 소화하는 능력이
하늘의 복임을 생각하지 않았습니다.

생명을 주신 하나님!
밤에 단잠을 잘 수 있는 것이 얼마나 큰 복인지,
눈을 맞추며 환하게 웃을 수 있는 가족과 친구와
신앙공동체가 있다는 것이
얼마나 감사한지 이제야 깨닫습니다.

성령님이시여!
우리의 호흡이, 감사의 고백이 되게 하옵소서.

우리의 출입이, 감사의 기도가 되게 하옵소서.
우리의 감사가, 하나님께 영광이 되게 하옵소서.

두 번째 참회기도

고린도전서 15장 10절
....

그러나 내가 나 된 것은 하나님의 은혜로 된 것이니
내게 주신 그의 은혜가 헛되지 아니하여
내가 모든 사도보다 더 많이 수고하였으나 내가 한 것이 아니요
오직 나와 함께 하신 하나님의 은혜로라

나를 나 되게 하시는 하나님!

저희는 십자가 보혈로 우리를 이 땅에서
그리스도인으로 살게 해주신
하나님의 크신 은혜를 손과 발로 갚으며
살아가야 하는 존재들입니다.

그러나 하나님의 뜻을 따라 사는

사람이라고 말하기에는 너무나 부끄럽게도
그저 세상 권세와 부귀영화에 의지하며
살아가고 있습니다.

부끄러운지 모르고 "그냥 좀 해 달라"며
하나님께 떼를 쓰고, 온갖 세상 방법들을 찾으며
어떻게든 내 뜻을 이루어 내려고 했습니다.

그렇게 이루어 손에 쥔 것들이
사라지는 것 같고, 사람들의 박수가 줄어들면,
이렇게 끝날지도 모른다는 염려와
지금껏 달려온 내 길이 틀렸다는 불안에
밤잠을 이루지 못하기도 합니다.

교회 안에서 말씀을 듣고 은혜받을 때는
"그렇지, 두 주인을 섬길 수는 없어.
하나님 따라 살아야지" 하고,
"나의 나 된 것은 오직 하나님의 은혜"라고 하면서

교회 밖에서는 내가 이만큼 했다고,
나니까 이만큼 했다고
심지어 하나님은 가만히 계시라고,

내가 알아서 한다고 고개를 치켜들었습니다.

주님! 잘못했습니다.
'여전히 하나님의 자녀'라는 귀한 이름으로 불리기에
많이 부족한 저희들입니다.
어리석고 교만한 저희들을 용서하여 주시고
불쌍히 여겨 주시옵소서.

하나님의 자녀로서 당당하게, 그러나 겸손하게
세상을 살아가는 저희들이 되게 하여 주시옵소서.

세 번째 참회기도

누가복음 22장 35, 38절
....

그들에게 이르시되
내가 너희를 전대와 배낭과 신발도 없이 보내었을 때에
부족한 것이 있더냐 이르되 없었나이다
대답하시되 족하다 하시니라

심지도 않고, 거두지도 않고,
심지어 창고에 모아들이지도 않는 공중의 새들도
길러 주시는 하나님!
하나님의 그 크신 인도하심으로 오늘까지 살아왔음을
고백합니다.

그러나 저희는 심고 거두고
심지어 이미 창고에 쌓아둔 것이 그득함에도

여전한 불안과 염려 속에서 두려워하고 있습니다.

먹이시고 입히신다는 하나님의 말씀을 믿으면서도,
불안합니다.

하나님의 때에 하나님의 방법으로
최고의 순간을 만들어 주시는 하나님과
짙은 어둠 속 빛나는 별처럼 우리를 인도해 주시는
하나님을 수없이 경험하며 살아왔으면서도
여전히 창고에 쌓아둔 것들이 줄어들까 봐,
그것들을 잃어버릴까 봐 노심초사합니다.

오늘 그리고 내일 쓸 것이 있으면 충분한데,
여분으로 하루치가 더 있다면 걱정할 것이 없는데
일 년에 한번도 꺼내 보지 않는 옷이, 가방이,
운동용품이 창고에 가득합니다.

주님, 저희의 이 욕심을 어찌해야 할까요…….

하나님의 주인 되심과 예수님의 십자가 은혜를
너무 잘 알고 있고,
매 순간 입술로 고백하면서도

아는 것과 다르게 사는 저희들을,
말하는 것과 다르게 사는 저희들을
용서하여 주시옵소서.

저희 마음의 방향을 바로 잡아 주셔서
하나님의 자녀로서 더 나은 삶을
살아가게 하여 주시옵소서.

네 번째 참회기도

요한복음 4장 23절
....

아버지께 참되게 예배하는 자들은
영과 진리로 예배할 때가 오나니 곧 이 때라
아버지께서는 자기에게 이렇게 예배하는 자들을 찾으시느니라

우리를 오늘의 일용할 예배로 부르신 하나님!

주님은 우리에게 "부르심에 합당한 삶을 살라"고
말씀하셨습니다.

하지만 우리는, 우리를 부르시는 주님의 음성이
종종 들리지 않는 척 했습니다.
주님께서 부르시는 사람이,
나는 아니었으면 하고 살았습니다.

그저 내가 필요할 때 하나님을 부를 수만 있으면
된다고 여겼습니다.

하나님의 부르심에 응답하고 나면,
고난도 참아야 하고 슬픔도 참아야 하며,
억울함도 참아야 한다는 것을 알고 있기에
들려도 안 들리는 척, 보여도 안 보이는 척했습니다.

무서웠습니다. 견딜 만한 고난을 주신다고 하셨지만
고난은 그저 고난(苦難)이라는 것을 너무 잘 알기에
피하고 싶었습니다.

주님!
이 시간 예배를 드리는 저희들이
오늘의 예배를 통해 주님의 부르심에 넉넉히 반응하며
하나님을 사랑하고, 이웃을 살피며
살아가게 하옵소서.

예배로 부어 주시는 은혜를 땅에 떨어뜨리지 않고
매일의 삶에 녹여내며 살아가는
저희들 되게 하여 주시옵소서.

다섯 번째 참회기도

베드로전서 3장 16~17절

선한 양심을 가지라
이는 그리스도 안에 있는 너희의 선행을 욕하는 자들로
그 비방하는 일에 부끄러움을 당하게 하려 함이라
선을 행함으로 고난 받는 것이 하나님의 뜻일진대
악을 행함으로 고난 받는 것보다 나으니라

십자가로 겸손을 가르쳐 주신 하나님!

주님은 우리에게 겸손함으로 화평에 이르는 삶을
살라고 말씀하셨습니다.

하지만 우리는,
남에게 쉽게 보이지 않아야
나를 지키는 것으로 생각하며 살았습니다.

남을 이겨야만 무시당하지 않는다고 생각했습니다.
그러다 보니
내가 이기면 진 사람을 무시했고,
내가 지면 이긴 사람을 비난했습니다.

공동체와 다른 사람이 성장해야
나도 함께 성장할 수 있는데
나만 커지길 원했고,
다른 사람을 작게 여기며 살았습니다.
겸손은 궁휼함이 아니라 함께함이었는데
그렇게 살지 못했습니다.

주님!
이 예배를 드리는 저희가,
십자가로 먼저 보여 주신 주님의 겸손을 따라
화평을 만드는 삶을 살아가게 하여 주옵소서.

여섯 번째 참회기도

베드로전서 2장 12절
....

너희가 이방인 중에서 행실을 선하게 가져
너희를 악행한다고 비방하는 자들로 하여금
너희 선한 일을 보고
오시는 날에 하나님께 영광을 돌리게 하려 함이라

믿는 우리에게 의로움이 되시는 하나님!

주님은 우리에게 예수님의 의를 따라
살라고 말씀하셨습니다.
하지만 우리는 내 이익을 먼저 생각하며
불의함 앞에 작은 소리도 내지 않고
암묵적으로 동의하며
먼저 상처받은 이들의 아픔을 모르는 척했습니다.

아직은 내 가족에게 아무 일도 일어나지 않았고,
당장은 내 옆의 사람들도 평안해 보이기에
어떤 불의도 없는 세상을 사는 듯이 행동했습니다.

불의함을 논하다가 불의함에 처할까 두려웠습니다.
의로움을 이야기하다가 사람들로부터
고립될까 염려하였습니다.

그렇게 하나님께서 가르쳐 주신 의로움을
모르는 척하고 살았습니다.

주님!
이 시간 예배하는 저희들이
주님께서 십자가로 가르쳐 주신 의로움을 되찾고,
하나님 보시기에 의로운 삶을,
이웃들이 보기에도 의롭다 인정할 수 있는 삶을 사는
그리스도인이 되게 하여 주옵소서.

일곱 번째 참회기도

요한1서 5장 4절
....

무릇 하나님께로부터 난 자마다 세상을 이기느니라
세상을 이기는 승리는 이것이니 우리의 믿음이니라

서툰 우리를 오래 참아 주시는 하나님!

주님은 우리에게 오래 참음으로,
승리하는 삶을 살라고 말씀하셨습니다.
주님은 우리에게 이기는 것이 지는 것이고,
지는 것이 이기는 것이라는 신비로운 승리를
십자가 위에서 오래 참으심으로 보여 주셨습니다.

하지만 우리는,

한순간도 참고 싶어 하지 않았습니다.
일부러 참지 않을 때도 있었습니다.

참으면 사람들이 나를 우습게 여길까 두려웠습니다.
참으면 사람들이 나를 무시해도 되는 사람이라고
업신여길 것 같았습니다.

주님! 이 예배를 드리는 저희가,
십자가로 먼저 보여 주신 주님의 오래 참으심을 따라
있는 자리에서 넉넉히 승리하는 삶을
살아가게 하여 주옵소서.

여덟 번째 참회기도

로마서 14장 17절
....

하나님의 나라는 먹는 것과 마시는 것이 아니요
오직 성령 안에 있는 의와 평강과 희락이라

십자가로 우리를 향한 사랑의 크기를
보여 주신 하나님!

주님은 우리에게,
뜨겁게 사랑하고 후회없이 서로 대접하라고
말씀하셨습니다.

하나님의 은혜를 맡은 선한 청지기가 되라고
가르치셨습니다.

하지만 우리는 작은 실수 하나도 품지 못했습니다.
지적을 해야만 마음이 후련했고,
"잘못했다"는 말을 들어야만 마음이 풀렸습니다.

큰소리칠 수 있으면 힘이 있는 줄 알았고,
나를 따르라고 힘을 부리는 게 권위인 줄 알았습니다.

주님!
이 예배를 드리는 저희가
우리의 의나 우리의 힘이 아닌,
하나님께서 공급하시는 힘으로
주변을 살피며 세우는 삶을
살아가게 하여 주시옵소서.

아홉 번째 참회기도

로마서 8장 37절
....

그러나 이 모든 일에 우리를 사랑하시는 이로 말미암아
우리가 넉넉히 이기느니

우리를 위해 십자가 고난을 넉넉히 감당하신 하나님!

주님은 우리에게,
그리스도인으로 받는 고난은
'영광'이라 말씀하셨습니다.
부끄러워하지 말고
"하나님께 영광을 돌리라"고 가르치셨습니다.

하지만 우리는,
그저 고난이 싫었습니다.

피하고 싶었습니다.
일단 나는 아니었으면 좋겠다고 생각했습니다.

내게 다가오는 것이 아니라면
안 들리는 척, 안 보이는 척해서라도
눈앞의 고난을 피하고 싶었습니다.

주님!
주님께 무릎 꿇어 기도하는 저희들,
세상을 살면서 그리스도인로서 짊어져야 하는
고난의 짐들을,
주님을 따라 넉넉히 감당하는
주님의 자녀들 되게 하여 주시옵소서.

열 번째 참회 기도

빌립보서 2장 3~4절
....

아무 일에든지 다툼이나 허영으로 하지 말고
오직 겸손한 마음으로 각각 자기보다 남을 낮게 여기고
각각 자기 일을 돌볼뿐더러 또한 각각 다른 사람들의 일을 돌보아
나의 기쁨을 충만하게 하라

십자가로 낮아짐을 가르쳐 주신 하나님!

주님은 우리에게
낮아짐으로 본이 되는 삶을 살라고 말씀하셨습니다.

하지만 우리는,
함께 공동체를 이루는 사람들에게 지금 당장
조금도 지체하지 말고 내가 있는 여기까지

도달해 내라고 다그쳤습니다.

할 수 있는 대로 겸손의 언어를 택해야 했고,
기다려 줘야 했고, 따뜻하게 품어 줬어야 했는데,
더 빨리 뛰라고 더 높이 뛰라고
다그치기만 했습니다.

주님!
이 예배를 드리는 저희가,
십자가로 보여 주신 주님의 낮아짐을 따라
함께 살아가는 사람들에게 겸손으로
본이 되는 삶을 살아가게 하여 주시옵소서.

열한 번째 참회기도

마태복음 17장 20절
....

이르시되 너희 믿음이 작은 까닭이니라
진실로 너희에게 이르노니
만일 너희에게 믿음이 겨자씨 한 알 만큼만 있어도
이 산을 명하여 여기서 저기로 옮겨지라 하면 옮겨질 것이요
또 너희가 못할 것이 없으리라

언제나 저희와 함께하시는 하나님!

그 함께하심이 저희에게
너무나 큰 은혜이며 축복입니다.
우리의 공로 없이 부어 주시는
그 은혜와 축복을 겸손함으로
엎드려 받아야 마땅할진대

고개를 치켜들고
당연하게 누려왔음을 고백합니다.

마치 맡겨 놓은 것을 받아 가는 태도로
우리가 필요할 때만 예수님의 이름을,
하나님의 능력을 빌리려고 했습니다.

겨자씨 만한 믿음만 있으면
산을 옮길 수 있다고 하셨는데
산 만한 믿음이라고 자부하면서
겨자씨 하나 옮기지 못하는 저희들을 봅니다.

주님, 우리가
주님 없이 무엇을 할 수 있겠습니까.
은혜 없이 무엇을 할 수 있겠습니까
믿음 없이 무엇을 할 수 있겠습니까.

저희들의 믿음 약함을 불쌍히 여겨 주시고,
강한 믿음으로,
사람은 할 수 없지만, 하나님은 능히 하시는 일에
증인 되는 주님의 자녀들 되게 하여 주시옵소서.

불안 가득한 세상에서 태산을 옮길 만한
큰 믿음을 가진 저희들이 되게 하여 주시옵소서.

열두 번째 참회기도

에베소서 2장 20~22절
....

너희는 사도들과 선지자들의 터 위에 세우심을 입은 자라
그리스도 예수께서 친히 모퉁잇돌이 되셨느니라
그의 안에서 건물마다 서로 연결하여 주 안에서 성전이 되어 가고
너희도 성령 안에서 하나님이 거하실 처소가 되기 위하여
그리스도 예수 안에서 함께 지어져 가느니라

십자가로 우리의 깨어짐을 회복시켜 주신 예수님!

주님은 우리를 위해 기꺼이 모퉁잇돌이 되시는
섬김을 보여 주셨습니다.

하지만 우리는,
우리 교회만 하나님께 인정받을 만한

교회라고 생각했습니다.
눈에 보이는 건물을 교회라고 말했습니다.
내 자신이 교회임은 증명하지 못했습니다.

믿는 사람들이 믿는 사람답게,
깨어진 관계들을 잇는 데 앞장서야 했고
교회가 교회답게,
섬김에 앞장서야 했는데 그러지 않았습니다.

주님!
이 예배를 드리는 저희가,
십자가로 모범이 되신 주님의 섬김을 따라
살아가는 그리스도인이,
교회가 되게 하여 주시옵소서.

열세 번째 참회기도

시편 50편 14~15절
·······························

감사로 하나님께 제사를 드리며
지존하신 이에게 네 서원을 갚으며
환난 날에 나를 부르라 내가 너를 건지리니
네가 나를 영화롭게 하리로다

우리를 위해 스스로 제물 되어 주신 예수님!

주님은 우리에게 감사함으로
예배드리라고 말씀하셨습니다.
하지만 우리는,
예배에 관람자로 참여했습니다.
의무방어전을 치르듯
예배의 횟수를 채우러 나온 적도 있습니다.

내 삶의 마지막 예배가 될 수 있음에도
수없이 드릴 수 있는 많고 많은 예배 가운데
하나라고 생각했습니다.

하나님,
내가 드릴 수 있는 절박한
그리고 소중한 예배라는 마음으로
시작부터 끝까지 정성을 다하여
오늘의 예배를 올려드리는
우리가 되게 하여 주시옵소서.

열네 번째 참회기도

요한복음 4장 23~24절
....

아버지께 참되게 예배하는 자들은
영과 진리로 예배할 때가 오나니 곧 이 때라
아버지께서는 자기에게 이렇게 예배하는 자들을 찾으시느니라
하나님은 영이시니 예배하는 자가 영과 진리로 예배할지니라

우리를 위해 이 땅에 오신 하나님!

주님은 우리에게 영과 진리로
예배하라고 말씀하셨습니다.

하지만 우리는,
손에 쥔 것을 자랑하는 예배를 드리고 싶어 했습니다.
하나님께 올려드리는 예배가 아닌,

사람들에게 보여 주는 예배를 드리고 싶어 했습니다.

소리가 좋아야 한다고 생각했습니다.
크고 웅장해야 잘 하는 거라 여겼습니다.
예배를 받으시는 하나님은 뒤로 한 채
사람의 눈에 보이고
귀에 들리는 주변의 소리에 붙잡혀
온전한 예배를 드리지 못했습니다.

삶으로 예배를 보여 주신 주님!
엉킨 실타래 같은 삶의 문제들을 내려놓고
맑은 눈과 깨끗한 마음으로
하나님께서 받으시기에 합당한 예배를
올려드리는 우리가 되게 하여 주시옵소서.

열다섯 번째 참회기도

누가복음 10장 36~37절
....

네 생각에는 이 세 사람 중에 누가
강도 만난 자의 이웃이 되겠느냐
이르되 자비를 베푼 자니이다
예수께서 이르시되 가서 너도 이와 같이 하라 하시니라

아프고 지치고 힘든 사람들에게
자비를 베풀라 가르쳐 주신 예수님!

주님은 저희에게 가진 것을 아까워하지 말고,
기꺼이 내어 주라고 말씀하셨습니다.
되돌려 받을 것을 계산하지 말라고 말씀하셨습니다.

그런데 저희는

내 손안에 있는 거라 아까워했습니다.
내 가족이 아니라서,
기꺼이 내어 주기에 주저했습니다.
고맙다는 인사는커녕
순수한 의도를 의심 받을까 봐,
먼저 염려했습니다.

주님!
저희가 아프고 지치고 힘든 사람들에게
기꺼이 다가갈 수 있는,
발걸음이 가볍고 손이 아름다운
주님 닮은 그리스도인으로
살아가게 하여 주시옵소서.

열여섯 번째 참회기도

창세기 28장 15절
....

내가 너와 함께 있어 네가 어디로 가든지 너를 지키며
너를 이끌어 이 땅으로 돌아오게 할지라
내가 네게 허락한 것을 다 이루기까지
너를 떠나지 아니하리라
하신지라

언제 어디서나 주를 의지하며
두려워하지 말라 가르쳐 주신 예수님!

길고 긴 코로나19 시대를 살아가고 있습니다.
하나님에 대한 마음조차 시간이 흐르면서
느슨해졌고 적당해졌습니다.
마음이 흔들리면,

흔들리는 그 마음을 붙잡아야 하는데
당장 눈에 보이는 것에 집착하며,
주변 사람들에게 고집을 부렸습니다.

두려워서 그랬습니다.
어디로 가야 할지 눈앞이 캄캄해서 그랬습니다.
지금까지 애써서 쌓아온 것들이 무너질까 봐,
내가 중요하다고 여긴 것들이
더 이상 중요하지 않게 될까 봐
두려워서, 교만한 고집을 부렸습니다.

주님!
나약한 저희들이,
눈에 보이는 것에 집착하며 두려워하지 않고,
하나님의 말씀과 인도하심을 따라
맡겨 주신 공동체를 잘 이끄는
그리스도인으로 살아가도록 인도하여 주시옵소서.

열일곱 번째 참회기도

이사야서 32장 5절

여호와께서는 지극히 존귀하시니 그는 높은 곳에 거하심이요
정의와 공의를 시온에 충만하게 하심이라

공의와 정의로 세상을 대하며
존귀한 주님을 따라 살라고 말씀하신 예수님!

하나님의 말씀을 따라 산다고 했지만,
하나님께 옳은 일을 선택하기보다
내게 좋은 일을 택하며 살아 온
우리의 모습을 회개합니다.

제게 맡기신 사람들을
하나님의 공의와 정의로 보듬어야 했는데

내 지식과 경험으로 다스리려 했습니다.

제게 맡기신 공동체를
하나님의 마음과 손길로 보듬었어야 했는데
내 기준과 판단에 맞게만
이끌려고 했습니다.

주님!
부족한 저희들이,
하나님의 공의와 정의를 따라 살아가며,
쓰러질 것 같은 광풍과 쏟아지는 폭우에 힘들어하는
이웃들을 품을 수 있는
진짜 그리스도인이 될 수 있도록
인도하여 주시옵소서.

열여덟 번째 참회기도

요한일서 1장 7절
....

그가 빛 가운데 계신 것 같이
우리도 빛 가운데 행하면 우리가 서로 사귐이 있고
그 아들 예수의 피가 우리를 모든 죄에서 깨끗하게 하실 것이요

우리에게 빛으로 오신 예수님!

주님은 저희에게
눈에 보이는 말씀으로, 마음에 기준이 되어 주시고
귀에 들리는 말씀으로, 행동의 이유가 되어 주셨습니다.

그런데 그 말씀을 받아 사는 저희들은
가족에게 본이 되지 못했고,
이웃에게 힘이 되어 주지 못했습니다.

밝은 빛으로 세상에 존재해야 하는데
그저 나의 치부를 숨기고 싶어서
어두운 곳에 머무르고 싶어 했습니다.

이 예배를 드리는 우리들이
말씀으로 우리 가운데 거하시는
예수님의 빛 되심을 따라 살며
세상에 어두운 곳을 환히 밝히는
그리스도인이 되게 하여 주시옵소서.

외롭고 지친 이웃들에게 따뜻한 빛이 되게 하시고
힘들고 아픈 이웃들에게 갈 길을 안내하는
밝은 빛이 되게 하여 주시옵소서.

열아홉 번째 참회기도

누가복음 2장 19~20절

마리아는 이 모든 말을 마음에 새기어 생각하니라
목자들은 자기들에게 이르던 바와 같이
듣고 본 그 모든 것으로 인하여 하나님께 영광을 돌리고
찬송하며 돌아가니라

아무것도 보이지 않는 캄캄한 어둠 속에서
간신히 소리 내는 우리의 신음을 들으시
그 깊은 구덩이에서 우리를 건져 주시는 예수님!

시간이 어떻게 가는지,
마치 바람에 사라지는 것 같습니다.
낯선 시간들을 보내며 분별하여 살지 못한
저희들의 삶을 돌아봅니다.

형통한 길만 걷겠다는 마음으로 계획해 놓은
모든 것들이 송두리째 사라지는 시간들을 겪으며,
우리를 살리겠다고 십자가에서 돌아가신
예수님의 그 은혜,
알면서도 갚지 못하고 살아가는
우리의 모습을 회개합니다.

주님!
주님께서 허락하신 이 날들이
기뻐도 슬퍼도 내게 주신 날이며
아파도 힘들어도 내게 주신 날임을 잊지 않고,
매 순간 감사로 살아가는
우리들이 되게 하여 주시옵소서.

스무 번째 참회기도

출애굽기 34장 9절

이르되 주여 내가 주께 은총을 입었거든 원하건대
주는 우리와 동행하옵소서
이는 목이 뻣뻣한 백성이니이다
우리의 악과 죄를 사하시고 우리를 주의 기업으로 삼으소서

우리를 사랑하사 먼저 그리고 끝까지
사랑해 주시는 예수님!

살아온 우리의 삶을 돌아봅니다.
그저 눈앞에 보이는 작은 이익을 위해
먼저 그리고 끝까지 사랑해 주시는,
주님의 그 크고 깊은 사랑을 이용했습니다.

하나님의 인자하심을 이용하여,
알면서도 행하는 잘못을 반복했습니다.

하나님의 참아 주심을 이용하여,
매번 하는 잘못을 처음인 것처럼 반복했습니다.

하나님의 진실하심을 이용하여,
그러려고 한 건 아니라며 핑계를 댔습니다.

주여!
날 서 있는 저희들의 마음을 다스려 주시고
하나님의 자비와 인자와 진실을
실천하며 살아가는
저희가 될 수 있도록,
동행하여 주시옵소서!

스물한 번째 참회기도

요한복음 4장 23절
....

아버지께 참되게 예배하는 자들은
영과 진리로 예배할 때가 오나니 곧 이 때라
아버지께서는 자기에게 이렇게 예배하는 자들을 찾으시느니라

주님!
저희들의 이 연약함을 어찌해야 할까요?

자녀라는 이유 하나로
사랑하시는 하나님의 그 마음을
내 삶의 자리로 옮겨 오지 못하는
우리들의 삶을 돌아봅니다.

마음은 원이로되 육신이 약해서라는 핑계로

도망 다니는 저희의 모습도 봅니다.

매 주일 말씀을 통해 어떻게 살아야 하는지 배웠는데,
이젠 너무 잘 아는데
여전히 하나님 앞에서 교만한 저의 모습을 봅니다.

주님!

나의 부족함을 거울삼아
다른 사람을 사랑해야 했는데
그러지 못했습니다.

나의 부족함을 이유 삼아
하나님의 사랑을 간절히 구했어야 했는데
그러지 못했습니다.

예배함이 그렇게 살아도 되는 핑계가 되지 않고
예배함이 그렇게 살아야 하는 이유가 되는
우리들이 되게 하여 주시옵소서.

스물두 번째 참회기도

마태복음 7장 25~27절
....

비가 내리고 창수가 나고 바람이 불어 그 집에 부딪치되
무너지지 아니하나니 이는 주추를 반석 위에 놓은 까닭이요
나의 이 말을 듣고 행하지 아니하는 자는
그 집을 모래 위에 지은 어리석은 사람 같으리니
비가 내리고 창수가 나고 바람이 불어 그 집에 부딪치매
무너져 그 무너짐이 심하니라

언제 어디서나 우리 곁에 계셔서
우리를 지켜 주시는 하나님!

우리 몫으로 주신 날들을 하루하루 살아갑니다.
어느 날은 곱게 차려 입었다가
쏟아지는 비에 흠뻑 젖기도 하고,
또 어느 날은 열심히 농사를 지었는데

둑이 무너져 곡식들이 쓰러지는 걸 보면서
손 놓고 바라만 봐야 할 때도 있었습니다.

바람이 너무 세차 제대로 서 있기도 힘든 날은
대체 나한테 왜 이렇게까지 하시나
볼멘소리로 하늘을 올려다 보기도 합니다.

모든 것이 하나님의 뜻을 따라
하나님께서 정하신 때에 이루어진다는 것을 알고 있고
지나온 삶에 부어 주신 은혜를 통해 고백하면서도
해결할 방법을 찾지 못하는 삶의 문제들을 마주할 때면
한번도 빠짐없이,
하나님의 뜻을 의심하고 하나님의 때를 믿지 못하는
저희들의 모습을 용서해 주시옵소서.

하나님! 저희들에게 지혜를 주시옵소서.
하나님의 뜻을 듣고 하나님의 때를 기다리며
기도 할 수 있는 저희들이 되게 하여 주시옵소서.
하나님의 말씀을 따라 세상을 분별하며
흔들림 없이 살아가는
저희들이 되게 하여 주시옵소서.

스물세 번째 참회기도

마태복음 14장 31~32절
....

예수께서 즉시 손을 내밀어 그를 붙잡으시며 이르시되
믿음이 작은 자여 왜 의심하였느냐 하시고
배에 함께 오르매 바람이 그치는지라

주님!

우리의 생각에 최선이 아닌,
하나님의 때와 방법으로 오늘까지
우리를 이끌어 주셨음을 고백합니다.
또 그렇게 입으로 인정하며 살아갑니다.

하지만
눈앞이 캄캄할 때 우리는 단 한 걸음을 내딛지 못하고

"주님, 어찌하오리까" 두려워 떨기만 합니다.
주님과 눈 맞추며 땅의 것을 바라보지 않고
하늘의 것을 바라보며
한 걸음씩 내디디면 된다는 걸 이미 잘 알고 있지만
아는 것처럼, 담대하게, 살아지지가 않습니다.

살며시 부는 바람에도 태풍을 맞을 듯한
두려움을 느낍니다.
투두둑 떨어지는 작은 빗방울에도
마치 폭풍우가 내리는 것처럼 불안이 가득합니다.

하늘과 땅의 주인되시는 하나님이
앞에서 가려 주시고 뒤에서 버텨 주시고
옆에서 받쳐 주고 계시는데
아래만 쳐다보며, 하나님이 마치
계시지 않는 것처럼 살았습니다.

주님!
우리를 살리기 위해 십자가에 오르신
예수님의 담대함을 따라
세상 풍파에 흔들림 없이 담대하게 살아가는
우리가 되게 하여 주시옵소서.

스물네 번째 참회기도

시편 50편 22~23절
....

하나님을 잊어버린 너희여 이제 이를 생각하라
그렇지 아니하면 내가 너희를 찢으리니 건질 자 없으리라
감사로 제사를 드리는 자가 나를 영화롭게 하나니
그의 행위를 옳게 하는 자에게 내가 하나님의 구원을 보이리라

주님! 오늘 우리는,
있는 그대로를 기뻐하시는
주님의 그 크신 품 안에서 살면서도
오늘 먹을 것으로, 오늘 입을 것으로,
오늘 누릴 것으로
가슴 졸이며 사는 저희들의 모습을 봅니다.

오늘 먹을 것이 없는 것도 아닌데

오늘 입을 것이 없는 것도 아닌데
오늘 누릴 것이 부족한 것도 아닌데
하나님께서 준비해 주심을 의심하며 살았습니다.

그저 하나님 나라 백성들에게는 아무 의미도 없는
헛된 것들에 묶여 하나님을 뒤로 하고
세상만 바라보며 살았습니다.

어느덧 주위를 돌아보니,
하나님과 또 주신 사람들과 멀어져 있는
제 모습을 발견합니다.

하나님께서 허락하신 남편과 아내와 자녀에게
미래를 향해 달리라고만 했지,
오늘이 얼마나 아름다운지
함께 나누며 살지는 못했습니다.

오늘이 없으면 내일도 없는데
오늘의 은혜를 감사하지 못했습니다.
내일의 은혜를 기대하지 않았습니다.

주님!

순간순간을 기쁨으로 누리는,
주님의 자녀가 되게 하여 주시옵소서.
하루하루를 감사함으로 살아가는,
주님의 백성이 되게 하여 주시옵소서.

스물다섯 번째 참회기도

누가복음 21장 36절
································

이러므로 너희는 장차 올 이 모든 일을 능히 피하고
인자 앞에 서도록 항상 기도하며 깨어 있으라 하시니라

용서하시는 하나님,
저희들의 죄를 고백합니다.

가르쳐 주신 대로 늘 깨어 있어야 하는데
배운 대로 늘 경계하며 살았어야 하는데

조금만 더 가져보겠다고
조금만 더 힘을 과시해 보겠다고
악한 것, 더러운 것, 헛된 것들이
안 보이는 척 안 들리는 척하며 살았습니다.

하니님께서 보시기에 분명히 악하다 하실 것을 알지만,
사람들이 더럽다고 손가락질하는 게 아니라면
조금 묻혀 봐도 괜찮다고 여겼습니다.

남들은 훨씬 더 더럽다고,
이 정도도 안 묻히고 어떻게 사느냐고,
그래도 내가 예수님 믿어서 이 정도로
타협하고 사는 거라며,
나 정도면 괜찮은 신자라고,
그렇게 스스로를 속이고 남들의 눈을 속여 가며
마음의 염려와 불안을 덮으려고만 했습니다.

하나님!
우리 눈에 가시를 볼 수 있는 맑은 눈을 주옵소서.
우리 생활의 불안과 염려를 누를 수 있는
강한 믿음을 주옵소서.

가르쳐 주신 대로 배운 대로
항상 기도함으로 깨어 있는
주님의 자녀가 되게 하여 주시옵소서.

스물여섯 번째 참회기도

베드로전서 2장 1~2절
....

그러므로 모든 악독과 모든 기만과 외식과 시기와
모든 비방하는 말을 버리고
갓난 아기들 같이 순전하고 신령한 젖을 사모하라
이는 그로 말미암아 너희로 구원에 이르도록 자라게 하려 함이라

사랑이 무엇인지 몸소 가르쳐 주신 하나님!

주님은 우리에게 "형제와, 이웃과 화목하라"고
말씀하셨습니다.
그러나 우리의 삶 가운데
화목을 찾아볼 수가 없습니다.
화목하기는커녕, 화목을 위한 작은 노력이라도
충분했는지 되돌아봅니다.

주님께서는
모든 조각이 다르게 생겼지만,
하나의 작품을 만들어내는 퍼즐처럼
이웃의 모습을 있는 그대로,
형제의 모습을 보이는 그대로
존중하며 함께 살아가는 우리가 되기를 원하시는데,
그렇게 살지 못했습니다.

내 눈에 부족한 모습이 보일 때마다
기다리지 못하고 욕심이 앞섰습니다.

형제가, 이웃이 나와 같기를 바랐습니다.
나같이 생각하고, 나같이 준비하고,
나같이 말하고, 나같이 행동하기를 원했습니다.
나를 따라 오게 하는 것, 그것이 화목인 줄 알았습니다.

주님! 이제라도 저희가 아파하는 자들의
마음을 헤아리며 고통 받는 자들과 함께하신,
진정한 화목을 이루신 예수님의 모습을 따라
살아가게 하옵소서.

그리스도인이라는 이름이 부끄럽지 않은 우리들로,

이 세상 가운데 화목을 만들어 가는 우리들로
살아가게 하여 주시옵소서.

스물일곱 번째 참회기도

창세기 15장 6~7절

아브람이 여호와를 믿으니 여호와께서 이를 그의 의로 여기시고
또 그에게 이르시되 나는 이 땅을 네게 주어 소유를 삼게 하려고
너를 갈대아인의 우르에서 이끌어 낸 여호와니라

하나님!

우리를 향한 하나님의 인도하심을 확신합니다.
그 인도하심을 경험하며
오늘까지 살아왔음도 고백합니다.

그러나 우리의 삶의 자리가 고단할수록
내 앞길도, 내 자녀의 앞길도
어찌 해야 할 바를 알지 못하고

괜한 불안함에 우리의 마음이
밤하늘처럼 어두워져 갑니다.
마음이 어두우니 하늘에 수많은 별도
보이지 않습니다.

하나님께서는
밤하늘 가득 반짝이는 별을 우리에게 주시며
은혜를 알게 하셨는데
어두움에 겁 먹고 마음이 눌려
그 많은 별들을 보지 못하고
주시는 은혜도 누리지 못할 때가 너무 많습니다.

하나님!
이 예배를 통해 우리 마음의 눈을 밝혀 주시옵소서.
그래서 하나님께서 준비해 주신
그 많은 은혜의 별들을 헤아리며 살아가는
인생이 되게 하여 주시옵소서.

스물여덟 번째 참회기도

창세기 1장 31절
....

하나님이 지으신 그 모든 것을 보시니 보시기에 심히 좋았더라

나보다 나를 더 잘 아시는 하나님!

세상을 만들기 전부터
우리에 대한 계획을 준비하신 하나님께서
우리를 이 땅에 보내신 그날,

우리를 바라보시며 보시기에 좋았더라 하신
하나님의 마음을 생각해 봅니다.

남들만큼 살아야 한다는 생각에
아파도 다쳐도 이를 악물며 살아왔습니다.

그러다 보니 우리들의 마음에 긁힌 자국이
상처로 남았습니다.
제대로 치료하지 않아 흉터가 되었습니다.
그 흉터를 밑둥 삼아
나 스스로를 긁으며 다른 사람들을 원망했습니다.

내 인생은 왜 이렇게 안 풀리냐고
하나님을 원망하기도 했습니다.
속사정은 모르면서
저 사람은 왜 나보다 낫냐고
하나님께 따져 묻기도 했습니다.

하나님을 원망하고 하나님께 따져 물을 것이 아니라
하나님 앞에 엎드렸어야 했고,
주시는 하나님의 말씀을 잠잠히 들었어야 했는데
불쌍히 여기시고 은혜를 주시기를 기도했어야 했는데
변명하고 핑계 대기 바빴습니다.

주님,
옹이진 저희들의 마음을 살펴 주셔서
흉터가 아닌, 은혜의 자국이 되게 하여 주시옵소서.

하루하루 주님이 주실 은혜를 기대하며 사는
저희들이 되게 하여 주시옵소서.

스물아홉 번째 참회기도

이사야 41장 10절
....

두려워하지 말라 내가 너와 함께 함이라
놀라지 말라 나는 네 하나님이 됨이라
내가 너를 굳세게 하리라 참으로 너를 도와 주리라
참으로 나의 의로운 오른손으로 너를 붙들리라

태초에 우리를 택하사
오늘까지 이끌어 주신 하나님.

하나님의 그 이끄심을
매 순간 경험하며 사는 저희들입니다.

입으로는 감사합니다, 주님을 따르겠습니다,
말씀하시면 나아가겠습니다라고 말하면서

지금 잘 되는 일 그만하라고 하실까 봐 두렵고
내가 열심히 하는 일 그렇게 하는 거 아니라고 하실까
불안합니다.

저 모퉁이만 돌면
다 이룰 것 같아서 열심히 달리다가도
저 모퉁이를 돌면
새로운 고난과 역경이 있을지 모른다는
두려움에 잠을 설치기도 합니다.

큰 바위에 걸려 넘어지는 것이 아니라,
작은 돌 헛디뎌 넘어지는 나약한 우리들이기에,
그렇게 넘어지고서는 왜 돌을 여기에 두셨느냐고
하나님을 원망하는
얼굴 두꺼운 저희들이기에,
결국은 하나님 앞에 다시 엎드립니다.

두려움과 불안함에서 승리하지 못하는 저희들을
용서하여 주옵소서.

우리를 자녀로 부르시고 붙들어 도우시는
주님의 인도하심을 확신하며

삶의 모든 순간을 주님께서 주시는 평안함으로
넉넉히 감당하며 살아가는
저희들이 되게 하여 주옵소서.

서른 번째 참회기도

시편 43편 5절

내 영혼아 네가 어찌하여 낙심하며
어찌하여 내 속에서 불안해 하는가
너는 하나님께 소망을 두라 그가 나타나 도우심으로 말미암아
내 하나님을 여전히 찬송하리로다

우리 삶의 모든 순간을 도우시는 하나님!

그 도우심을 통해 우리는
인생에 부는 잔잔한 바람부터 휘몰아치는 폭풍우까지
포기하지 않고 이만큼 견뎌가며 살아가고 있습니다.

하지만 주님!
가지 많은 나무 바람 잘 날 없다는 말을

온몸으로 겪으며 사는 우리의 인생은,
두려움으로 가득합니다.
흔들림으로 가득합니다.
수시로 놀라며 주저앉을 것만 같습니다.

우리를 굳세게 하시겠다는 하나님의 말씀을,
우리를 도와주시겠다는 하나님의 말씀을,
지금껏 듣고, 지금껏 경험하며 살아온 우리들이지만
두려움 불안이 찾아오면
타작마당에 겨와 같이
사방으로 흩날리는 우리들입니다.

어찌해야 할까요?
이제 흔들리지 않을 때도 된 것 같은데,
이만큼 예배했고, 이만큼 하나님을 경험했으면,
무던하게 불어대는 바람을
당당히 맞을 수도 있어야 할 것 같은데
여전히 두렵고 무섭습니다.

솔직히 저의 불신앙 때문에
누군가 아플까 봐, 누군가 다칠까 봐,
하는 일이 잘 안될까 봐

두렵고 무섭습니다.

주님! 엎드려 기도합니다.
도우심으로 은혜를 누리는 삶을 살게 하여 주옵소서.

헐벗은 산과 거친 광야에 있을 때
나를 도우시는 하나님을 의지하며
살아가는 우리들이 되게 하여 주시옵소서.

서른한 번째 참회기도

누가복음 5장 5절

시몬이 대답하여 이르되
선생님 우리들이 밤이 새도록 수고하였으되 잡은 것이 없지마는
말씀에 의지하여 내가 그물을 내리리이다 하고

언제나 우리를 살펴 주시는 하나님!

빈손으로 시작했던,
두렵고 떨리던 그날을 기억해 봅니다.

살아보겠다고 아등바등
아침부터 저녁까지 잰걸음으로 뛰어다니다시피 살던
그 시절에 우리는
천 원에 다섯 개 하던 붕어빵으로도 행복했고

밀가루만 가득하던 호떡 하나를 나눠 먹을 때도
참 행복했습니다.

그런데 지금의 우리는
하나님 앞에 가져갈 것도 아닌데
어차피 이 땅에 다 놓고 가야 하는 것들인데
하나님 앞에 가져갈 우리의 믿음보다
두고 갈 그것들을 더 중요하게 여기며 살아갑니다.
내 힘으로 한 거라고, 나니까 할 수 있는 거라고
하나님 앞에 고개를 치켜들고 살아갑니다.

주님! 주님의 용서를 구합니다.
저희들을 불쌍히 여겨 주시옵소서.

오늘의 우리는 하나님의 은혜로만 가능했습니다.
사람의 지식과 생각으로는
감히 이룰 수 없을 때마다,
사람의 힘으로는
도저히 할 수 없어서 마음이 무너질 때마다
주님께서 이루어 주셨음을 고백합니다.

주님!
주님의 이루어 주심을 다시 기억하고 마음에 새겨,
깊은 데로 가라 하시면 가고,
그물을 내리라 하시면 내리는
우리가 되게 하여 주시옵소서.

"이제 됐다. 내려놓아라" 하면 즉시 멈출 수 있는
믿음의 확신 속에 사는
우리가 되게 하여 주시옵소서.

서른두 번째 참회기도

여호수아 24장 15절
....

만일 여호와를 섬기는 것이 너희에게 좋지 않게 보이거든
너희 조상들이 강 저쪽에서 섬기던 신들이든지
또는 너희가 거주하는 땅에 있는 아모리 족속의 신들이든지
너희가 섬길 자를 오늘 택하라
오직 나와 내 집은 여호와를 섬기겠노라 하니

어디서나 우리를 인도해 주시는 하나님!

그 하나님을 믿으며 인생이라는 광야를 걸어갑니다.
광야, 낮에는 너무 덥고 밤에는 너무 춥습니다.

어찌 보면 광야에서 모래바람이 부는 건,
너무 당연한 일인데

인생에서 어려운 일이 생기면,
하나님을 원망하게 됩니다.

감당할 만한 시험만 주신다는 건 알고 있는데
힘이 많이 듭니다.
왜 저에게만 이러시느냐고
꼭 저여야 하냐고 꼭 지금이어야 하냐고
하나님을 원망합니다.

힘내라고 붙여 주신 주변 사람을 보며
저 사람은 사업도 잘 되고, 자녀들도 잘 되고,
저 나이에 아픈 데도 없어 보여서 시샘합니다.

나는
밤잠 설쳐가며 뛰어야 겨우 이 정도나 살 수 있고,
일하느라 아이들 얼굴 한번 들여다볼 시간이 없는데
어쩌다 함께할 때면 괜히 한두 마디 더해서
투닥거리고 나면 마음이 더 어려워집니다.

주님! 주님의 긍휼을 구합니다.
저의 작은 불평들이
하나님의 큰 은혜를 좀먹지 않게

저를 인도하여 주시옵소서.

깜깜한 밤하늘 같은 우리 인생길에서
유일한 빛 되어 주시는 주님을 온전히 의지하며,
믿음으로 흔들림 없이 살아가는
저희들이 되게 하여 주시옵소서.

서른세 번째 참회기도

로마서 8장 26절
....

이와 같이 성령도 우리의 연약함을 도우시나니
우리는 마땅히 기도할 바를 알지 못하나
오직 성령이 말할 수 없는 탄식으로
우리를 위하여 친히 간구하시느니라

우리의 연약함을 도우시는 하나님!

하나님 없이 내 힘으로 다할 수 있을 것처럼
큰소리치며 살다가도
막상 힘든 일이 생기고 어려운 일이 닥치면
주저앉아 눈물짓는 일 외엔 할 수 있는 게 없는,
우리들의 모습을 봅니다.

혼자 할 수 있는 거라고는 숨 쉬는 것뿐인,
심지어는 숨 쉬는 것조차 버거워
숨을 몰아쉬어야 하는 우리들이지만
하나님 앞에 "연약합니다. 도와주십시오" 고백하며
엎드리지도 않고
"잘못했습니다. 용서를 구합니다" 자백하면서도
무릎을 꿇지 않습니다.

그저 감나무 밑에서 감이 떨어지길 기다리며
세월을 보내는 의지 없는 사람처럼
"지금은 할 수 있는 게 없으니까" 하는 마음으로
무기력하게 멈춰 있곤 합니다.

그러다가 갑자기 불안과 조급함이 엄습하면
아직 익지도 않은 감을 기필코 따서는
한입 베어 물어야 직성이 풀리고
온몸이 떨리는 그 떫은 맛을 보고서야 후회하는,
정말 어리석고 약한 저희들입니다.

우리를 위해 탄식하시는 주님!
우리의 연약함을 도와주시옵소서.
연약함을 핑계 삼아 주저앉아 있는

우리를 용서하여 주시옵소서.

이 예배를 통해,
연약함을 인정하고 하나님께 더 의지하며 나아가는
주님의 자녀들이 되게 하여 주시옵소서.

서른네 번째 참회기도

사도행전 11장 25~26절
....

바나바가 사울을 찾으러 다소에 가서
만나매 안디옥에 데리고 와서 둘이 교회에 일 년간 모여 있어
큰 무리를 가르쳤고 제자들이 안디옥에서 비로소
그리스도인이라 일컬음을 받게 되었더라

우리를 그리스도인 되게 하시는 하나님!

그리스도인이라는 이름으로 세상을 살아가는
저희들이 그 이름에 합당하게 살고 있는지
부끄러울 때가 참 많습니다.

선교를 가라, 하시는 것도 아닌데
가진 걸 다 내어 놓으라, 하시는 것도 아닌데

그저 하루에 한 발자국씩만
하나님께 가까이 다가오라, 말씀하시는 건데,
저희는 고작 그 한 발자국을 내딛지 못하고
주저하고 있습니다.

경제적으로 어려운 상황을 겪고, 실패를 경험하고,
억울한 일을 겪을 때 힘이 많이 들었습니다.
하나님이 미웠습니다.
누구나 그런 일을 겪으며 산다는 걸 부인했습니다.

솔직히 하나님께 상처받았다고,
그래서 힘이 없다고 변명하면서
결국은 한 발자국도 움직이기 싫어한 저희들입니다.

그렇게 안 해도, 하나님의 사랑을 받을 테고
그렇게 안 해도, 주님의 은혜 가운데 살게 될 테니
굳이 더 하려고 하지 않았습니다.

주님, 저희들의 나약함과 나태함을
용서하여 주시옵소서.

어제보다 나은 그리스도인으로 오늘을 살게 하시고

오늘보다 나은 내일을 만들어 가는
그리스도인이 되게 하여 주시옵소서.

서른다섯 번째 참회기도

출애굽기 15장 23~24절

···

마라에 이르렀더니 그 곳 물이 써서 마시지 못하겠으므로
그 이름을 마라라 하였더라
백성이 모세에게 원망하여 이르되 우리가 무엇을 마실까 하매

광야에서 가나안까지 우리를 인도하시는 하나님!

그저,
땅에 달란트를 묻어 두었던 무익한 종처럼
하나님의 축복을 기다리기만 하는
저희들이 여기 있습니다.

인생이라는 광야를 통과하며
순간순간에 주시는 은혜를

감사함으로 받으며 나아가야 하는데

그 은혜가 입에 달지 않다고
그 은혜가 눈에 곱지 않다고
불평하는 저희들이 여기 있습니다.

주시는 모든 것이 은혜인데
마음에 드는 것만 골라서 받으려고 했습니다.

주님이 계획하신 길이 아닌
내가 보기에 편한 길, 쉬운 길,
적어도 손해는 안 보는 길만 가려고
주님을 설득했습니다.

은혜는 계산하는 것이 아닌데
감히 하나님의 은혜를 인간의 기준에 맞춰
재단하려고 했습니다.

사람이 보기에 좋으면 축복이라 좋아했습니다.
그렇지 않다면 왜 나를 이토록
힘겹게 하시냐고 원망했습니다.

주님!
광야에서 부어 주시는 은혜를
감사함으로 받으며,
숨 쉬는 모든 순간에 부어 주시는 은혜를
충분히 누리며 살아가는
우리들이 되게 하여 주시옵소서.

서른여섯 번째 참회기도

열왕기하 20장 5절

너는 돌아가서 내 백성의 주권자 히스기야에게 이르기를
왕의 조상 다윗의 하나님 여호와의 말씀이
내가 네 기도를 들었고 네 눈물을 보았노라
내가 너를 낫게 하리니
네가 삼 일 만에 여호와의 성전에 올라가겠고

우리의 하루를 다 보시는 하나님!
저희들의 이 연약함을 어찌해야 할까요?

믿는 사람이니 좀 더 형통해야 할 것 같고
믿는 사람이니 좀 더 잘 살아야 할 것 같은데
그래야 하나님께 영광이 될 것 같은데,
우리의 삶을 돌아보면 늘 외나무다리를 건너듯

노심초사 살아갑니다.

이만큼 신앙생활했으면 이제 좀 거뜬할 때도 됐는데
또 언제 무슨 일이 생길지 모른다는 염려에
전전긍긍하며
두려움에 둘려싸여 끊임없이 주위를 살피는
저희들의 삶이 그저 부끄럽기만 합니다.

그럼에도 돌아보면 모든 순간에
하나님이 우리의 희망이 되어 주셨습니다.
실패가 있었고 실수가 있었고
그것이 위기가 되어 우리의 삶이 흔들렸습니다.
때로는 다른 사람의 실패로, 다른 사람의 실수로
곤혹을 치르기도 했습니다.
그럴 때마다 하나님은 어디에 계시냐고,
나한테 왜 이러시냐고 원망했습니다.

하나님이 싫어하시는 방법을 써서라도,
문제를 해결하고 위기를 넘기고 싶었습니다.
하나님의 부르심을 피했다가
더 큰 위기를 맞기도 했습니다.

그러나 돌아보니
그 위기의 순간에 믿음이 성장했습니다.
그 아픔이 우리 속에서 감사로 자랐고
그 과정을 통해 좀 더 나은 그리스도인으로 성장했고,
믿음이 깊어졌습니다.

주님!
위기가 기회임을 깨닫게 하시고
의심하지 않는 감사함으로 든든히 세워져 가는
저희가 되게 하여 주시옵소서.
내가 정한 정답이 아닌 하나님의 해답을 찾는
우리가 되게 하여 주시옵소서.

서른일곱 번째 참회기도

사도행전 12장 11절
·····································

이에 베드로가 정신이 들어 이르되
내가 이제야 참으로 주께서 그의 천사를 보내어 나를
헤롯의 손과 유대 백성의 모든 기대에서 벗어나게 하신 줄
알겠노라 하여

최고의 순간을 맞이하게 하시는 주님!

저희들,
주신 오늘에 감사하며,
주신 사명에 감사하며,
주신 자리에 감사하며,
그렇게 살아가고자 날마다 다짐합니다.

그러나 우리의 속마음은
남들이 내 수고를 알아주기 원했습니다.
지금 갖고 있는 것으로 드러나고 싶었습니다.
큰일을 하는 사람으로 나타나고 싶었습니다.

그래서 열심히 했습니다.

하지만
나에게 주어진 역할이 작음을 알았을 때
남들이 알아주는 역할이 아님을 알았을 때
남들만큼 박수받는 역할이 아님을 알았을 때
무너짐을 경험했습니다. 숨고 싶었습니다.
한없이 작아졌습니다.

그간의 노력이, 나의 삶이
가치 없는 것으로 느껴졌습니다.

어리석은 저희들은
모든 것을 아시는 분이 계심을 잊었습니다.

주님이 나를 알아주시면
주님이 나를 인정해 주시면

주님이 나와 함께해 주시면
오늘 하루 그저 감사함으로 살면 되는데,
잊고 살았습니다.

주님!
부르시는 그 자리, 감사함으로 감당하며 사는
저희들이 되게 하여 주시옵소서.
함께해 주시는 그 자리, 은혜로 채워가며 사는
저희들이 되게 하여 주시옵소서.

서른여덟 번째 참회기도

요한복음 14장 27절
....

평안을 너희에게 끼치노니 곧 나의 평안을 너희에게 주노라
내가 너희에게 주는 것은 세상이 주는 것과 같지 아니하니라
너희는 마음에 근심하지도 말고 두려워하지도 말라

우리에게 평안을 주시는 하나님!

세상 어디에서도 얻을 수 없는 평안을 주시는
주님이심을 찬양하며 평안하게 살아야 하는
저희들이지만
불안과 염려가 마음에 깃들면
차마 한 발자국도 떼지 못하고 멈춰 서 버립니다.

해결해야 하는 문제들은 태산 같은데

내가 해결할 수 있는 건 고작 하루 끼니 정도임을
알았을 때
'지금껏 뭘 했나', '하나님은 어디 계시나' 한숨 쉬며
고개를 떨굽니다.

주님!
예배를 통해 주시는 큰 평안을
고작 주일 하루짜리로 여기며
월요일을 준비하는 주일 저녁부터
불안해하는 저희들을 봅니다.

십자가로 다시 살리신 예수님의 생명의 빛이
머무는 삶을 살고 있는 건지
그저 하나님께 부끄럽고 죄송하여 눈물이 맺힙니다.

주님,
마음 속 빛이 꺼지지 않도록
인생에 부는 바람을 잠재워 주시옵소서.
풍전등화와 같은 신앙 되지 않게 해 주시고
흔들릴지언정 꺼지지 않는 신앙 되게 해 주셔서
주님이 보여주신 삶을 거뜬히 살아내는
주님의 자녀 되게 하여 주시옵소서.

서른아홉 번째 참회기도

사도행전 3장 16절
....

그 이름을 믿으므로
그 이름이 너희가 보고 아는 이 사람을 성하게 하였나니
예수로 말미암아 난 믿음이 너희 모든 사람 앞에서 이같이
완전히 낫게 하였느니라

날마다 새로운 하루를 선물로 주시는 예수님!

귀한 선물로 받은 올 한 해를 되돌아 봅니다.

처음 해 보는 부모 자리,
처음 해 보는 직장인 자리,
처음 해 보는 어른 자리,
그 낯선 시간을 살아가며

처음이라는 변명으로 가족들에게 또 이웃들에게
상처를 주었습니다.

어려울수록 힘들수록 시릴수록
믿는 우리들이
우리가 사는 이 땅이
하나님의 나라가 되도록
나와 가족과 주변 사람들을 향해 기도하고
기다렸어야 했는데
조급해하며 불안해했습니다.

우리의 조급이, 우리의 불안이, 우리의 두려움이
우리에게 주신 가족들의 마음에 상처가 되었고
하나님 나라 부흥에 걸림돌이 되었음을 회개합니다.

날마다 새롭게 주시는 하루하루를
우리의 무릎꿇음으로
사람이, 마을이 그리고 교회가
회복되게 하여 주시옵소서.

마흔 번째 참회기도

출애굽기 17장 2절
....

백성이 모세와 다투어 이르되 우리에게 물을 주어 마시게 하라
모세가 그들에게 이르되 너희가 어찌하여 나와 다투느냐
너희가 어찌하여 여호와를 시험하느냐

우리의 어제와 오늘을 인도하시는 하나님!

갈 길을 밝히 보이시는 주님이시기에
주님과 함께 사는 저희들은
평안함으로 가득차야 하지만
당장 눈에 보이는 하늘이 캄캄하면,
일순간 어둠에 눌려 숨 한번 쉬기도 어려워합니다.

하나님은 어디 계시나, 왜 나를 돕지 않으시나

하늘을 쳐다보며 원망합니다.

이럴 거면 왜 낳았느냐,
부모가 자식이 해 달라는 것도 못해 주냐
소리 지르며 달려드는 사춘기 아이처럼
대체 어디 계시냐며, 이렇게 힘든데 그냥 놔두실 거냐
소리지르며 하나님께 분을 내었습니다.

문제가 생기면 다른 사람을 탓하고
해결이 안 되면 하나님을 원망하며
나는 잘못한 거 없다고,
한다고 했는데 결과가 그렇게 된 거라고 둘러대며
열심을 내지 않은 제 모습을 돌아보지 않았습니다.

어디로 가야 하는지 보여 주셨지만,
거기까지 어떻게 가야 하는지 알지 못하기에
광야를 헤메며 길을 찾는 우리를 긍휼히 여겨 주시고
마음 속의 빛이 꺼지지 않도록 인도하여 주시옵소서.

예배하듯 삶을 살고, 삶을 살 듯 예배하는
우리들이 되게 하여 주시고
예배를 통해 얻은 생명의 빛이 우리 삶을 비추어

칠흑같이 어두운 새벽이라도 길을 잃지 않고
하나님이 정해 주신 그 길을 갈 수 있는
우리가 되게 하여 주시옵소서.

마흔한 번째 참회기도

고린도후서 1장 6절
....

우리가 환난 당하는 것도
너희가 위로와 구원을 받게 하려는 것이요
우리가 위로를 받는 것도 너희가 위로를 받게 하려는 것이니
이 위로가 너희 속에 역사하여
우리가 받는 것 같은 고난을 너희도 견디게 하느니라

우리에게 위로가 되어 주시는 하나님!

주님은 우리에게
이웃을 위로하라고 말씀하셨습니다.
하지만 우리는 이웃의 괴로움과 슬픔을
진지하게 대하지 않았으며
그들에게 진심 어린 위로를 전하지 못했습니다.

삶의 무거움으로 버거워하는 이웃들의 짐을
나눠 지려고 하지 않았습니다.
괴롭고 슬픈 그들의 현실을 알고 있다는 것만으로도
마음이 불편했습니다.
생각과 마음을 넘어 손과 발로 이웃을 위로할
구체적인 방법을 생각하지 않았습니다.

어떻게 하면 하나님께 영광이 될까
고민하지 않은 채
"힘내세요"라는 말로, "기도하겠다"는 말로
순간을 모면하려 했습니다.

내가 필요한 위로는
하나님께 어떻게든 받아내려고 애쓰면서
다른 사람이 필요로 한 위로에는
관심이 없었습니다.

주님! 저희가 이웃을 위로할 수 있는
따뜻한 마음을 품고 살아가기 원합니다.
이웃의 괴로움과 슬픔을 나의 것처럼 여기며 위로하는
주님의 말씀 따르며 살아가는
그리스도인이 되게 하여 주시옵소서.

마흔두 번째 참회기도

요한복음 16장 33절
....

이것을 너희에게 이르는 것은
너희로 내 안에서 평안을 누리게 하려 함이라
세상에서는 너희가 환난을 당하나 담대하라
내가 세상을 이기었노라

하나님!

믿는 자에게는 능치 못함이 없다는 그 말씀 믿으며
안 될 것 같은데 되게 하시는 하나님을 경험하며
오늘 여기까지 살아온 저희들입니다.

우리의 삶의 자리들이
순풍에 돛 단 듯 그렇게 나아가던 때도 있지만

꾸역꾸역 뒤에서 밀고 앞에서 당겨도
겨우 요만큼 나아가던 때도 있기에
나도 할 만큼은 했다고 큰소리쳐 봅니다.

고난이 은혜라고 하는 사람이 누구냐고
나 같은 인생 당신이 한번 살아 보라며
편하게 사니까 저런 말이나 한다고
시기하고 질투하며 분을 내었습니다.

어떻게 고난이 감사냐고
배부르니까 남의 일이니까 저런 말을 한다고
역정을 내며, 왜 나만 이렇게 힘들게 살게 하냐고
하나님께 분을 내고야 맙니다.

싫다고, 안 한다고, 도망갈 거라고,
더 이상 부르지 말라고, 거칠게 고개를 젓다가
문득 내 인생 모든 순간에 임하시던 하나님을 봅니다.

'이제는 더 이상 내려갈 곳도 없다' 했던 그 자리에
함께해 주셨고
'인생이 이렇게 추울 수 있겠나' 했던 그 순간에
함께 떨어 주셨고

더는 서 있을 힘이 없어서 그저 울먹이던 그 순간을
함께 버텨 주신
하나님을 이제야 생각해 냅니다.

고난 그 한가운데서 우리와 함께해 주시는 주님!
살아가면서 얻은 상처가
아픈 흉터가 아닌
하나님의 흔적이 되게 하여 주시옵소서
그래서 하나님의 흔적으로
세상을 채우는 인생을 살아가는 우리가,
우리 교회 되게 하여 주시옵소서.

마흔세 번째 참회기도

고린도후서 3장 18절

우리가 다 수건을 벗은 얼굴로 거울을 보는 것 같이
주의 영광을 보매 그와 같은 형상으로 변화하여
영광에서 영광에 이르니 곧 주의 영으로 말미암음이니라

우리의 눈을 밝히시는 하나님!

연약한 저희들,
하나님께 영광을 돌리며 살겠다는 고백은
날마다 반복하지만
살아가는 삶의 자리들을 둘러보면
주님께 영광보다는 나의 만족이 먼저일 때가
너무나 많았습니다.
부끄럽습니다.

죄스럽습니다.

이만큼 믿었으면, 이만큼 섬겼으면
알아서 분별할 때도 되었는데
고민하지 않고 결단할 때도 되었는데
여전히 하나님의 영광과 나의 만족 사이에서
계산하며 갈등합니다.

한 번인데 넘어가 주시겠지,
나의 만족으로 하나님의 일하심을 가렸습니다.

그래도 이만큼은 내가 했는데,
나의 업적으로 하나님의 영광을 가렸습니다.

다른 사람들은 더 심한데,
다른 이를 향한 손가락질로
하나님의 마음을 가렸습니다.

주님!
우리의 마음 속에
예수님이라는 거울을 심어 주셔서
삶의 모든 순간을

예수님께 비춰 가며 살아가는
예수님 닮은
주님의 자녀들이 되게 하여 주시옵소서.

마흔네 번째 참회기도

베드로전서 5장 10절
·····································

모든 은혜의 하나님 곧 그리스도 안에서 너희를 부르사
자기의 영원한 영광에 들어가게 하신 이가
잠깐 고난을 당한 너희를 친히 온전하게 하시며 굳건하게 하시며
강하게 하시며 터를 견고하게 하시리라

십자가로 기다림을 가르쳐 주신 하나님!

주님은 우리에게 기다림으로
하나님의 때를 준비하라고 말씀하셨습니다.

하지만 우리는,
당장 오늘이라도 무너질 것 같고,
회복된 내일은 오지 않을 것 같습니다.

불안했습니다.
근심이 되었습니다.
그래서 조급했습니다.

머리로 아는 것을 마음으로 고백하며
손과 발로 행했어야 했는데
머리에만, 입에만 머물러 있었습니다.
깨어 기도하며 기다려야 했는데
그러지 못했습니다.

옆 사람의 모습을 보며 기도하지 못했고
옆 사람의 아픈 삶에 다가서지 못했습니다.

주님!
이 예배를 드리는 저희가,
십자가로 먼저 보여 주신
주님의 기다림을 따라 살아가며
하나님의 때를 맞이하는
삶을 살아가게 하여 주옵소서.

마흔다섯 번째 참회기도

사도행전 2장 46~47절

날마다 마음을 같이하여 성전에 모이기를 힘쓰고
집에서 떡을 떼며 기쁨과 순전한 마음으로 음식을 먹고
하나님을 찬미하며 또 온 백성에게 칭송을 받으니
주께서 구원 받는 사람을 날마다 더하게 하시니라

우리의 예배를 기뻐 받으시는 주님!

누구 하나, 같은 모양으로 살지 않는 저희들이
한 마음으로 하나님께 예배를 드립니다.

하나님을 믿는다는 것 외에
모든 것이 다른 삶을 살아가지만
서로 사랑하라 하신 그 한 말씀 따라

품으며 살겠다고 다짐합니다.

하지만
마음과 머리와 행동이 너무 다른 저희들의
어리석은 모습을 봅니다.

머리로는 '품어야 한다',
'다른 것이지 틀린 게 아니다' 생각하지만
마음에서는 화가 나고, 미움이 생깁니다.
못된 눈으로 쳐다보며,
날카로운 손가락으로 비난했습니다.

그들이 처한 여러 가지 상황은
전혀 생각하지 않은 채
내 기분 나쁜 것만 생각했습니다.
불편해진 내 입장만 생각했습니다.

열악한 상황 가운데도 주님의 길을 멋지게 걸었던
믿음의 선배들을 따르지 못했습니다.

다른 사람들의 힘겨운 인생길에
빛이 되어 준 믿음의 선배들을 닮지 못했습니다.

주님!
함께 예배하는 공동체로서
한 사람의 열 걸음보다 열 사람의 한 걸음을
소중히 여기는 우리가 되게 하여 주시옵소서.

나와 같지 않음이 틀림이 아닌
다름으로 인정되는
우리 교회가 되게 하여 주시옵소서.

마흔여섯 번째 참회기도

빌립보서 2장 2~4절

마음을 같이하여 같은 사랑을 가지고 뜻을 합하며 한마음을 품어
아무 일에든지 다툼이나 허영으로 하지 말고
오직 겸손한 마음으로 각각 자기보다 남을 낫게 여기고
각각 자기 일을 돌볼뿐더러 또한 각각 다른 사람들의 일을 돌보아
나의 기쁨을 충만하게 하라

우리를 사랑하사 끝까지 사랑하시는 하나님!

예수 그리스도의 마음을 품고 살아가라 말씀하셨고
그 마음이 우리 인생에 은혜로 채워져
오늘까지 살아왔음을 고백합니다.

그러나 저희들

저희들에게 임하신 그 은혜를 다른 사람들과
나누지 못하고 살았습니다.
오래 참지 못했고
쉽게 분을 냈으며
심지어 더 갖고 싶어서 남의 것을 빼앗기도 했습니다.

주님께 배운 대로
연약한 사람들에게 겸손해야 했고
불의한 사람들에게 당당해야 했는데
교만했습니다. 비굴했습니다.

주님!
우리를 위해 묵묵히 십자가를 지셨던
예수님의 마음을 품어
가족들의 실수를 긍휼함으로 안아 주고,
이웃들의 날카로움을 보듬을 수 있는
우리들이 되게 하여 주시옵소서.

마흔일곱 번째 참회기도

이사야서 52장 12절
....

여호와께서 너희 앞에서 행하시며
이스라엘의 하나님이 너희 뒤에서 호위하시리니
너희가 황급히 나오지 아니하며 도망하듯 다니지 아니하리라

태초부터 우리의 오늘을 준비하신 하나님!

하나님께서 우리의 주인 되어 주심만으로
충분히 세상에서 승리하며 살아가야 함을 고백합니다.

하지만 저희들의 눈앞에
산이 너무 높고 바람이 너무 거칩니다.
머리로는 아는데 마음이 어렵습니다.
입으로는 아는데 손과 발이 움직이지 않습니다.

언제 어디서나 주님이 우리와 함께하시는데
내일 없는 삶을 살아가고 있습니다.

하나님께서는 철저히 우리의 앞길을 예비해 주시는데
단 한 걸음도 내딛지 못하고 주춤거리는
저희들의 모습을 회개합니다.

마치 당장 실패하여 쓰러질 사람처럼
내일에 대한 기대가 전혀 없는 사람처럼
하나님이 곁에 안 계신 사람처럼
그렇게 포기하고 주저앉아 있던
저희들의 모습을 회개합니다.

주님!
날마다 우리를 이끄시고 다시 세우시는
주님의 크신 은혜를 경험하며 인정하고
순종하며 살아가는 저희들이 되게 하여 주시옵소서.

마흔여덟 번째 참회기도

잠언 23장 24~25번
....

의인의 아비는 크게 즐거울 것이요
지혜로운 자식을 낳은 자는 그로 말미암아 즐거울 것이니라
네 부모를 즐겁게 하며 너를 낳은 어미를 기쁘게 하라

우리에게 가족을 허락하신 주님!

어릴 때는 가족이 모인다는 게 마냥 즐거웠는데
나이를 먹고 삶의 무게가 커지니
이런저런 생각이 많아집니다.

얼굴만 봐도 좋아하실 거 알지만
주머니 속 얇은 지갑이 원망스럽습니다.
팍팍한 삶 사느라 주름진 자식 얼굴 보시며

속상해하실 것 같아
바빠서 못 간다고, 애들 학원 가야 한다고
핑계를 대 봅니다.

이마저도 못하는 '우리'도 있습니다.
뵈러 갈 수 있을 때 뵈러 갔어야 하는데
코로나의 위세가 명절보다 강해서
만날 수가 없습니다.
유리창 너머 간신히 웃어 주시는
부모님을 생각하면 눈물이 납니다.

아버지는 안 힘들어, 엄마는 배 안 고파,
너희들만 잘 크면 돼 하시던 내 부모님만큼
훌륭한 부모가 되어 가는지 자신이 없습니다.

얇은 주머니였지만
가족들의 외로움과 어려움을 살펴 주신
부모님을 따라야 하는데,
남들과 비교하기 바빴고 더 열심히 해서
꼭 성공해야 한다고 채근했습니다

주님!

우리를 위해 묵묵히 십자가를 지신
예수님의 모습을 따르는,
우리를 위해 묵묵히 삶의 곤고함을 감당하신
부모님의 모습을 따르는,
우리 모두가 되게 하여 주시옵소서.

마흔아홉 번째 참회기도

민수기 14장 9절
....

여호와를 거역하지는 말라 또 그 땅 백성을 두려워하지 말라
그들은 우리의 먹이라 그들의 보호자는 그들에게서 떠났고
여호와는 우리와 함께 하시느니라 그들을 두려워하지 말라

우리의 어제와 오늘 그리고 내일을 주관하시는 주님!

우리에게 숨이 붙어 있는 그 모든 날에
우리를 인도하시는 주님의 손길을
믿고 의지하며 살아갑니다.

그러나 주님
저희들 순간순간 너무 많이 흔들립니다.
저 멀리 먹구름이 보이기라도 하면

당장 내 앞에 비바람이 몰아치는 것처럼
호들갑을 떨었습니다.
혹시라도 입고 있는 옷이 젖을까 봐
아직 내리지도 않은 비를 원망합니다.

다른 사람이 옷을 여미고 있으면
왜 옷을 여미는지 알려고도 하지 않고
우선은 내 옷부터 여미고 봅니다.

바람이 불어서 추울까 봐
바람 뒤에 비까지 오면 어쩌나 하는 생각으로
할 수 있는 모든 걱정을 마음에 담고 살아갑니다.

도대체 왜 이리 연약할까요?
세상을 창조하신 하나님이 나의 삶을 이끄시는데,
십자가로 구원하신 예수님이 나와 동행하시는데,
세상이 줄 수 없는 평안을 주시는 성령님이
내 안에 계신데
여전히 우리는 걱정, 불안, 염려를 붙잡고 살아갑니다.

주님!
눈에 보이는 것으로 겁먹지 않게 하옵소서.

들리는 소리에 움츠러들지 않게 하옵소서.

"십자가를 내가 진다" 하신 주님의 담대함을 따르는
우리가 되게 하여 주시옵소서.

쉰 번째 참회기도

빌립보서 1장 20절
....

나의 간절한 기대와 소망을 따라
아무 일에든지 부끄러워하지 아니하고
지금도 전과 같이 온전히 담대하여 살든지 죽든지
내 몸에서 그리스도가 존귀하게 되게 하려 하나니

사람의 생사화복을 주관하시는 하나님!

주님의 은혜로 지금 그리고 여기까지 살아왔습니다.
지나간 모든 날이 주님의 보호하심이며
다가올 모든 날이 주님의 인도하심으로
채워질 것을 믿습니다.

그러나 주님!

저희들
주님의 보호하심이, 고통 없는 길이라고
착각하며 살았습니다.
주님의 인도하심이, 고난 없는 길이라고
착각하며 살았습니다.

그래서 고통의 순간을 지날 때 화를 냈습니다.
대체 내가 뭘 잘못했냐고
남을 탓했고, 사회를 탓했고,
심지어 하나님을 탓했습니다.

품어 내는 조개의 고통이 없으면
진주도 없는 것인데,
어리석은 저희들은 진주만 원했지
조개의 고통은 감당하고 싶어하지 않았습니다.

고민 없이, 고통 없이
뜨겁지도 않고 차갑지도 않게 그냥 그렇게
살고 싶었습니다.

그리스도인으로서 지킬 것 안 지키고 산다고 해서
화를 내시거나 벌하실 하나님은 아니심을 알기에

지금은 너무 힘들어서,
생활이 좀 넉넉해지고 삶이 좀 여유로워지면
그때 하나님 말씀 따르며 살겠노라,
철없는 이유를 만들었습니다.

받은 구원이 사라지는 것도 아니기에
아직은 괜찮다고 생각했습니다.

주님!
고난 뒤에 계시는 주님을
믿고 따르며 순종하는
우리가 되게 하여 주시옵소서.
고통 뒤에 주시는 은혜를
기대하며 기도하고 기다리는
우리가 되게 하여 주시옵소서.

쉰한 번째 참회기도

여호수아 24장 14절
....

그러므로 이제는 여호와를 경외하며
온전함과 진실함으로 그를 섬기라
너희의 조상들이 강 저 쪽과 애굽에서 섬기던 신들을 치워 버리고
여호와만 섬기라

날마다 우리를 가르치시며
이끌어 주시는 하나님.

그 이끄심을 따라 오늘까지 살아오면서
주님의 지혜를 따라 살아야 한다는 것을
익히 배웠습니다.
넘치는 지혜로 우리를 인도해 주시는 주님이심을
너무 잘 알고 있습니다.

모든 문제에 해답이신 주님을 의지하며
주님께 묻고 주님에 때를 기다리면 되는데
조바심이 납니다.

두 눈을 크게 뜨고 앞에 계신 주님을 바라보면 되는데
살짝 뜬 눈으로 쳐다 본
곁에 있는 어두움에 겁 먹고 두려워합니다.

너무나 연약한 저희들.
머리로는 '당당하게 흔들림 없이 간다'
매 순간 되뇌지만
마음 속에서는 '정말 괜찮을까',
'이렇게 하는게 맞을까', '더 잘못되면 어쩌지'
불안하고 무섭고 떨립니다.

주님,
해야 할 일과 하지 말아야 할 일을
분별할 수 있는 지혜를 주시옵소서.
바닥으로 떨궈 있는 고개를 들고
하늘을 볼 수 있는 힘을 주시옵소서.

우리 앞에 두렵고 떨리는 캄캄한 밤이 있을지라도

하늘에 떠 있는 별 하나 분명히 바라보며
이 순간을 담담히 그리고 당당히 걸어가는
주님의 자녀들 되게 하여 주시옵소서.

쉰두 번째 참회기도

시편107편 28~29절
....

이에 그들이 그들의 고통 때문에 여호와께 부르짖으매
그가 그들의 고통에서 그들을 인도하여 내시고
광풍을 고요하게 하사 물결도 잔잔하게 하시는도다

십자가의 고통을 희망으로 바꿔 주신 주님!

열심히 사는데, 한다고 하는데
저희들의 삶은 점점 더 팍팍해집니다.

더워도 추워도 일터를 지키며
아파도 지쳐도 가정을 지켜왔습니다.

주님과 멀어지지 않으려고

입술을 깨물며 버티고 견뎌 왔습니다.

나이가 들면, 좀 덜 힘들겠지
돈이 좀 생기면, 아이들이 크면
고통이 줄어들겠지 생각했습니다.

그런데 우리들의 삶은 여전히 힘이 많이 듭니다.
고통스럽습니다.

그렇게 힘이 들고 고통스러울 때
이미 알고 있는 것처럼
주님 앞에 나와 엎드려야 했는데 그러지 못했습니다.

심장 안에 심장보다 더 큰 돌이
자라는 것처럼 느껴지고
우리의 애간장이 타들어 가는 고통이 느껴질 때
고통의 이유를 찾지 않았습니다.
고통 뒤에 은혜를 보지 못했습니다.

그저 하나님의 방법이 아닌 사람의 방법으로
고통을 줄여보려 했습니다.

주님!
우리 삶 가운데 고통이
흉터가 아닌 희망의 흔적이 되게 하여 주시옵소서.

고통 뒤에 준비해 두신 은혜와 감사를 희망으로 품는
우리가 되게 하여 주시옵소서.

부록
상황별 참회기도

신년주일
설립기념주일
선교주일
가정의 달
가족축복주일
어린이주일
어버이주일
생명보듬주일
종교개혁주일
장례예배

신년주일 참회기도

마가복음 1장 11~13절

하늘로부터 소리가 나기를 너는 내 사랑하는 아들이라
내가 너를 기뻐하노라 하시니라
성령이 곧 예수를 광야로 몰아내신지라
광야에서 사십 일을 계시면서 사탄에게 시험을 받으시며
들짐승과 함께 계시니 천사들이 수종들더라

새로운 한 해를 허락하신 주님!

언제나 그러하셨듯이
올 한 해도
앞에서 이끌어 주시고
옆에서 손잡아 주시고
뒤에서 밀어 주시는 주님의 크신 은혜를

경험하며 살게 될 것을 확신합니다.

그러나 저희들의 마음이 가볍지만은 못합니다.
올해는 또 무슨 일이 생길까, 기대보다
걱정이 앞섭니다.
또 얼마나 살아야 살아지는 걸까,
염려가 큽니다.

오늘처럼 새해 첫 주일예배를 드릴 때마다
올해는 조금 더 하나님과 가까이 지내야지
예배에도 열심을 내고 전도에도 열심을 내야지
봉사도 좀 해야지, 다짐하지만
마음 먹는 그 순간에도 자신 없어하는
우리의 연약함을 봅니다.

설렘으로 시작하나 두려움이 더 크게 다가옵니다.
말씀으로 시작하나 염려가 더 가까이 다가옵니다.

어떤 모습으로 살아야
하나님께 기쁨이 되는지 알면서도
어떤 결정을 하며 살아야
주님의 자녀로서 당당할 수 있는지 알면서도

망설이는 나의 모습을 긍휼히 여겨 주시옵소서.

주님!
새로 주신 올 한 해
거친 모래 바람 때문에 마음이 긁힐 때마다
함께하라고 보내 주신 가족들과
신앙의 공동체 안에서
넉넉하게 이겨내는 우리가 되게 하여 주시옵소서.

설립기념주일 참회기도

시편 107장 21~22절
....

여호와의 인자하심과 인생에게 행하신 기적으로 말미암아
그를 찬송할지로다 감사제를 드리며 노래하여
그가 행하신 일을 선포할지로다

주님!
우리 교회가 어느덧 이만큼의 나이를 먹었습니다.

우리 교회를 이곳에 처음 세우신
그 목표와 계획 속에 우리가 합당하게
사명을 감당하며 살고 있는지 자문합니다.

하나님께 인정받고 사람에게 칭찬받는
교회가 되고 싶어서

열심히 하긴 했는데
돌아보니 우리의 열심만은 아니었는지
우리의 이름을 드러내려고 했던 것은 아닌지
후회가 됩니다.

믿음으로 나아간다고
흔들리지 않겠다고 다짐하고 결단했지만
위기가 올 때마다 흔들렸습니다.
믿음으로 나아가지 못하고
다른 것에 의지하려고 했습니다.

잘 되는 것, 평안한 것 속에서
하나님께 감사하는 고백은 어찌어찌 되는데
안 되는 것, 불안한 것, 흔들리는 것 속에서
고백하는 감사는 여전히 어렵습니다.

주님!
돌아가기엔 너무 많이 왔고
그만두기엔 그간 들인 정성이 너무 커서
어떻게 해야 할지 알 수 없는
삶의 위기들을 맞이합니다.

위기 속에서 감사를 고백함으로
나의 정답이 아닌 하나님의 해답을 찾는
우리가 되게 하여 주시옵소서.
위기가 위기 되지 않고 감사로 고백되는
우리의 삶 되게 하여 주시옵소서.

선교주일 참회기도

데살로니가전서 2장 10절
·······································

우리가 너희 믿는 자들을 향하여
어떻게 거룩하고 옳고 흠 없이 행하였는지에 대하여
너희가 증인이요 하나님도 그러하시도다

하나님은 우리에게
"내 증인이 되라"고 말씀하셨습니다.
그러나 우리는 앞에 선 증인이 되기보다,
뒤로 숨어 나를 가리기 바빴습니다.

말씀에 대한 확신으로 복음의 길을 분명히 하기보다
마음의 연약함으로 복음의 길을 흐리곤 했습니다.

"세상으로 가라" 명령하신 주님의 말씀을 따라서

가는 사람이 되든 보내는 사람이 되든,
그 사명 앞에 흔들림 없이 순종하며
나아갔어야 했는데 그러지 못했습니다.

가는 사람을 보며 용기 있다 박수쳐 주고
보내는 사람을 보며 대단하다 인정했지만
나는 그럴 수 없다고 생각했습니다.

이미 손에 든 게 너무 많아서
내려놓을 수가 없었습니다.

주님! 가는 사람이 되든 보내는 사람이 되든
우리의 삶의 자리에서 증인이 되라 하신
하나님의 명령을 따라
하나님을 날마다 증거하는
우리들이 되게 하여 주시옵소서.

가정의 달 참회기도

골로새서 3장 19~21절
....

남편들아 아내를 사랑하며 괴롭게 하지 말라
자녀들아 모든 일에 부모에게 순종하라
이는 주 안에서 기쁘게 하는 것이니라
아비들아 너희 자녀를 노엽게 하지 말지니 낙심할까 함이라

우리를 위해
완전한 인간으로 이 땅에 오셔서
인간의 희로애락을 함께 경험하신 예수님!

주님은 우리에게,
가족과 함께 기뻐하고 가족과 함께 슬퍼하며
가족과 함께 즐거워하라고 말씀하셨습니다.
부모님에게 순종하며, 배우자를 괴롭게 하지 말며,

자녀를 노엽게 하지 말라고 가르치셨습니다.

하지만 우리는,
내 기분이 먼저였고, 상대방에게
일방적으로 따라오라고 요구했습니다.

가족이니까 나를 이해해 줘야 한다고 생각했습니다.
밖에서 꽂힌 날카로운 감정들을
가족들에게 쏟아내었습니다.
내가 먼저 가족들을 이해하려고는
하지 않았습니다.

내 입장만 고집하며,
차분히 설명하려고 하지 않았고,
마음 열어 들으려고 하지 않았습니다.

주님! 오늘을 예배로 살아내는 우리가,
우리의 가족들을 주님께서 주신 선물로
소중하게 여기며
신령과 진정으로 섬기며 살아갈 수 있도록
인도하여 주시옵소서.

가족축복주일 참회기도

신명기 6장 4~5절

이스라엘아 들으라
우리 하나님 여호와는 오직 유일한 여호와이시니
너는 마음을 다하고 뜻을 다하고 힘을 다하여
네 하나님 여호와를 사랑하라

말이 아닌 삶으로
무엇을 위해 살아야 하는지 가르쳐 주신 예수님!

살아내심으로 주님께 배운 저희들이지만,
저희는 손과 발로 가르치려 하지 않고
글과 말로 가르치려 했습니다.
빨리 결과를 보고 싶었습니다.

그래서
자녀들의 마음을 담기보다 내 생각을,
내 방법을 요구했습니다.

시대가 변했는데, 상황이 달라졌는데,
여전히 내가 했던 대로 가르치고
내가 온 길을 가라고 했습니다.

주님!
내가 했던 것이 아니라
예수님이 가르쳐 주신 것을 가르치게 하시고
과거를 살아온, 가르치는 우리가
미래를 살아갈, 배우는 자녀들을 위해
예수님의 마음으로 기대하며 준비하는
우리가 되게 하여 주시옵소서.

어린이주일 참회기도

역대하 34장 3절
....

아직도 어렸을 때 곧 왕위에 있은 지 팔 년에
그의 조상 다윗의 하나님을 비로소 찾고
제십이년에 유다와 예루살렘을 비로소 정결하게 하여
그 산당들과 아세라 목상들과 아로새긴 우상들과
부어 만든 우상들을 제거하여 버리매

사랑의 하나님,
오늘은 5월의 첫 번째 주일이며
어린이주일입니다.
우리에게 가정을 허락하셨고,
자녀를 주신 하나님을 찬양합니다.

자비로우신 하나님,
하나님의 자비하심으로 오늘까지 살아온 저희들이

넘어져 울고 있는 자녀에게는
얼마나 아프냐고 묻지 않고,
당장 일어나라고 소리쳤습니다.

다른 시대를 살고 있다는 걸 인정하면서도
왜 아빠만큼 노력하지 않느냐고
왜 엄마만큼 열심히 살지 않느냐고
다그쳤습니다.

부모인 나는 바빠서 기도하지 못하지만
아들딸은 기도할 줄 아는 자녀가 되기를 바랐습니다.
나는 성경 읽을 시간도 없이 분주하게 살지만
나의 자녀들은 성경 읽는 믿음의 자녀가 되기를
소원했습니다.

성령님이시여!
하나님의 도움 없이는
결코 좋은 부모가 될 수 없음을 매일 깨닫습니다.

부모라는 이름을 감당하기에 부족한
우리에게 맡겨 주신 어린이들과 자녀들을
축복하여 주시옵소서.

어버이주일 참회기도

마태복음 7장 11절
∴∴∴∴∴∴∴∴∴∴∴∴∴

너희가 악한 자라도 좋은 것으로 자식에게 줄 줄 알거든
하물며 하늘에 계신 너희 아버지께서 구하는 자에게
좋은 것으로 주시지 않겠느냐

사랑의 하나님!
우리에게 가정을 주시고, 가족을 주셔서 감사합니다.

자녀를 처음 품에 안았을 때 그 감격은
지금도 잊히지 않습니다.

그러나 살다 보니 마음에 없는 말도 크게 하게 되고
어디가서든 지지 말고 살라고,
일부러 더 못되게 이야기하기도 했습니다.

지나고 보니 그렇게까지 할 건 아니었습니다.
사랑한다고, 너로 충분하다고 말하며
키웠으면 좋았을 텐데, 많이 아쉽습니다.

우리에게 주신 자녀를 좀 더 품었어야 하는데
먹고사느라 힘들었다는 말로,
배운 게 없어서 그랬다는 말로
가족에게 자녀에게 준 잘못과 상처를
그저 덮어 버리고자 했습니다.

자녀를 키워 보니 부모님 생각이 더 납니다.
왜 우리 부모님은 이것밖에 안되는가,
조금만 더 여력이 있었더라면
내가 이렇게 고생하지 않을 텐데,
부모님을 탓했던 어린 시절이 부끄럽습니다.

밥상 앞에서 "엄만 배불러" 하시던
어머니를 생각합니다.
시퍼렇게 멍이 들어도 "하나도 안 아프다" 하시던
아버지를 생각합니다.

주님!

허락해 주신 우리의 가정을
반석 위에 세워 주시옵소서.
하나님의 지혜가 넘치는
우리 가정이 되게 하여 주시옵소서.

생명보듬주일 참회기도

마태복음 12장 12~13절

사람이 양보다 얼마나 더 귀하냐
그러므로 안식일에 선을 행하는 것이 옳으니라 하시고
이에 그 사람에게 이르시되 손을 내밀라 하시니
그가 내밀매 다른 손과 같이 회복되어 성하더라

십자가로 우리를 살리신 주님!

오늘은 한국 교회가 지키는 생명보듬주일입니다.
십자가로 살려 주신 생명을 지키며 보듬으며
살아가야 하는 저희들이지만
막상 살다 보니
어떤 은혜를 주셨는지보다,
얼마나 가졌는지를 고민하게 됩니다.

내 옆에 누가 힘든지보다,
내가 누릴 게 얼마나 되는지 고민하며 살아갑니다.

주변에 생명들을 보듬고
그들이 기댈 작은 나무라도 되어야 했는데
쓰러져 가는 생명들을 못 본 척 했습니다.
번거로운 일이 생길까 봐,
손해 보는 일이 생길까 봐,
나한테 뭐라도 물을까 봐
걱정이 됐습니다.

주님의 은혜를 받기만 하고
나누지 않는 우리들은
그리스도인이라고 말하면서
생명을 보듬지 않는 우리들은
강도 만난 자를 버려두고 가 버린
우리가 손가락질하는 제사장과 율법학자와
다를 바 없는 존재들입니다.

주님!
나만, 내 가족만, 살피며 사는 우리들의 이기심을
용서해 주시옵소서.

주님 따라 산다 말하는 우리들이
말이 아닌 행동으로
긍휼이 아닌 빚진 마음으로
생명을 보듬고 지켜 내는
그리스도를 닮은
진짜 그리스도인이 되게 하여 주시옵소서.

살아가라 허락하신 이 땅을
하나님의 나라를 만드는 데 쓰임받는
우리들이 되게 하여 주시옵소서.

종교개혁주일 참회기도

히브리서 11장 4절

믿음으로 아벨은 가인보다 더 나은 제사를 하나님께 드림으로
의로운 자라 하시는 증거를 얻었으니
하나님이 그 예물에 대하여 증언하심이라
그가 죽었으나 그 믿음으로써 지금도 말하느니라

우리의 오늘을 이끌어 가시는 주님!

또 한 번의 종교개혁주일을 맞이합니다.

5백여 년 전 바른 신앙을 향한
그리스도인들의 처절한 외침이
오늘을 사는 우리에게 여전히 남아 있는지
자문해 봅니다.

믿음으로 산다고 하면서 불안해하고
은혜로 산다고 하면서 염려하는
우리의 모습을 봅니다.

오늘만 생각하며, 내일의 은혜를 기대하지 못하고
내일만 생각하며, 오늘의 은혜를 누리지 못하는
우리의 불신앙을 회개합니다.

내가 오늘 이만큼 했으니
내일은 하나님이 이만큼 해 주셔야 한다고
대가를 바란 우리의 모습을 회개합니다.

먹고살기 바쁘다는 이유로
코로나니까 굳이 예배당에
나가지 않아도 된다는 이유로
열심이 사라진 우리의 신앙을 회개합니다.

주님!
오늘의 결단이, 오늘의 믿음이
내일의 은혜임을 깨닫는
우리가 되게 하여 주시옵소서.

오늘은 보이지 않아도
만져지지 않아도 느껴지지 않아도
우리의 내일을 준비하고 계시는 하나님을 의지하며
살아가는 우리가 되게 하여 주시옵소서.

장례예배 참회기도

데살로니가후서 2장 16~17절

우리 주 예수 그리스도와
우리를 사랑하시고 영원한 위로와 좋은 소망을 은혜로 주신
하나님 우리 아버지께서 너희 마음을 위로하시고
모든 선한 일과 말에 굳건하게 하시기를 원하노라

사람의 생사화복을 주관하시는 하나님.

주신 날들 감사로 살아내지만,
하루 스물네 시간 서 있는 게 너무 버거운
날들이 있습니다.

숨 한 번 쉬는 데도 힘이 들고
걸음 한 번 떼는 데도 힘이 너무 드는 날이 있습니다.

"대체 왜?"라는 의문과
"왜 이리 빨리?"라는 의문 속에서
차마 하나님을 원망하지 못하고 먼산만 봅니다.

그런 날 주님을 찾아와 엎드려
"어찌하면 좋습니까? 여쭈어야 하는데
그저 높은 하늘만, 먼산만 바라보며
초점 없이 멍하게 앉아 있곤 합니다.

무엇을 해야 할지
어떻게 해야 할지 모른 채
눈에 고인 눈물 흘리지도 못한 채
넋을 놓고 그렇게 벽에 등을 기대고
주저앉아 있습니다.

주님,
우리의 연약함을 도우사 품어 주시고
주님 품 안에서 마음을 다독여
흐트러진 마음을 가다듬게 하시고
새 날을 향해 숨을 고르며 한 걸음 내딛는
우리가 되게 하여 주시옵소서.

그럼에도 다시 일어서는
우리가 되게 하여 주시옵소서.

나의
참회기도

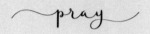

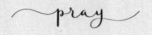

_____

_____

_____

_____

_____

_____

_____

_____

_____

_____

_____

_____

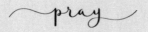

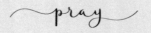

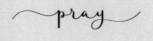

참회의 기도 모두를 위한 기도서 1

초판 1쇄 발행 2022년 4월 5일

글쓴이 김주선
펴낸이 박종현
펴낸곳 플랜터스 등록 2020년 4월 20일 제63호
주소 서울시 송파구 오금로 46길 41, 5층
전화 02-2043-7942 팩스 070-8224-7942
전자우편 books@planters.or.kr
홈페이지 plantersbooks.com

ISBN 979-11-970424-3-0 03230   값 15,000원

플랜터스는 좋은 가치를 심습니다.